すべては介護現場が教えてくれた

「好きになれば好かれる人になる」

介護に学ぶ

人間関係づくりの極意

石井 統市

目次

推薦文……7
厚生労働省 元厚生労働事務次官
東京大学高齢社会総合研究機構元教授 現客員研究員
健康生きがい開発財団理事長 辻哲夫氏

はじめに……13 石井統市

第1章 笑顔と笑いは味方をつくる最強のコミュニケーション

01 笑顔は、人の心を和ませ、距離感を一気に縮める……22
02 笑いは緊張をほぐし、仲間意識を生む……25
03 笑顔で笑いを誘うと、人は好印象を持つ……28
04 素人芸でも笑うと、嫌なことより楽しい記憶が残る……31
05 温かい思いやりの笑顔で接すると、以心伝心で心が通じる……34

06 笑いにちょっとした楽しい動作が加わると、笑いは広がる……37
07 常に笑顔を絶やさない人のそばに人は集まる……40
08 相手の笑顔を感謝の言葉と心得る……43
09 笑顔や笑いを自ら意識し、作り出すことで、その効果はより高まる……46

第2章 会った人を好きになれば、相手も好意を持つ

01 笑顔で挨拶《あいさつ》し、体全体で歓迎を示せば、相手も喜んで歓迎する……52
02 その人を深く理解し、大切な人として接すると、心を許される……55
03 自分の話に反論せず同意する人は、自分の味方と思う……58
04 相手の性格や趣味、特技など良いところを躊躇《ちゅうちょ》なくほめる……61
05 現状をそのまま肯定してあげると安心する……64
06 協力を惜しみなくすると、信頼を勝ち得る……68
07 相手の話を嫌がらず、何度でも聞くことで、お気に入りになる……71
08 その人の人生を一緒に追体験すると、良き理解者になれる……74

09 他人の嫌な面や間違いも、まず認めると受け入れてもらえる……77
10 初対面の人の長所を素早く把握し、口に出してほめると、強く印象に残る……80

第3章 相手の人を中心に接すると、良い人だとの印象が強まる

01 相手の困りごとに、さりげなく対応してあげると、心に残る……86
02 持ち物や服に関心を寄せることは、相手を尊重すること……88
03 人生で強く印象に残っている話を聞き、共感する……91
04 成功談を熱心に聞くと、相手が受け入れてくれる……94
05 名前のいわれや思いを聞くことは、相手と親しくなる第一歩……97
06 生まれ育った郷里の話を聞き、その人の純粋な人柄に触れる……100
07 1日1回、身近な人をほめ、信頼関係を強化する……103
08 話をする人を主役にして熱心に聞くと感謝される……106
09 失敗を悔やむ人に安心感を与え、不安を取り去る……109

目次

第4章　正しい心の持ち方を知ると、人生が思う方向に行くようになる

01　正しい心の持ち方で、人生をより良く生きる……114
02　物事をすべて前向きに考えることで、人生は好転する……118
03　感謝の心を忘れず、ささいなことでも口に出し、お礼を伝える……121
04　より良く生きるために愚痴をこぼさない……124
05　丁寧な言葉で接すると、相手も丁寧に応える……127
06　人はプライドが高い。どんなときでもプライドを傷つけない……130
07　素直な心ですぐに謝ると、相手も寛容《かんよう》になる……133
08　常に真心で接すると、相手も真心で返してくれる……136
09　時に「無私の心」を発揮すると、心が晴れる……139
10　出会いの不思議さに感謝する人になる……142
11　ゴミを拾い、庭の草を抜くと、心が落ち着く……145

第5章 誰からも好かれる人になる

01 親しみを込めて名前を呼び、挨拶《あいさつ》する……150
02 その人の意見には、できる限り同意する……153
03 その人を好きになり、お気に入りになれば動いていただける……156
04 人のために尽くす姿勢を貫く先に感動がある……159
05 相手が欲しているものを考え、聞き、意に沿う……162
06 分からないことは、辞《じ》を低くして誰にも聞く……165
07 困っている人がいたら、すぐに助け、心の豊かさをいただく……168
08 間違っている人に気分良く直してもらうと、緊張が解ける……171
09 協力してもらったときは、良い点を大いにほめ、労をねぎらう……174
10 トイレを常にきれいにすることは自分磨き……177
11 花を育て、長い旅路で疲れた人の心をいやす……180

あとがき……184
付記 正心調息法のご紹介……189

推薦文

温かく明るい超高齢社会に向けての生きたメッセージ

厚生労働省元厚生労働事務次官
東京大学高齢社会総合研究機構元教授・現客員研究員
健康生きがい開発財団理事長　辻哲夫氏

日本の高齢化率（65歳以上人口の割合）は、現在29％と世界一の水準にあります。一方において少子化が進み、総人口は２００９年からは減少局面に入っている中で、高齢者数は２０４０年頃まで増加し続けます。

具体的には、日本人口の最大の集団である団塊の世代が２０２５年に75歳となり、その後、85歳以上の高齢者が急増し、２０４０年には１０００万人に達するのです。

日本はいま未知の時代に向かっているといえます。

　このような時代状況の下にあって、団塊の世代同士の盟友である石井統市さんが本書をお書きになったことは、誠に意義深いことであると思います。

　石井さんと私の出会いは、私が十数年前に厚生労働省を退官し、東京大学高齢社会総合研究機構に移って、高齢者ケア政策に関する研究を始めた頃のことです。

　当時、出版社の役員をしておられた石井さんの強いお勧めで、今後の超高齢社会の在り方を説く書籍の執筆と監修をシリーズでお引き受けしたのが始まりでした。このような仕事上のお付き合いをさせていただいていたところ、石井さんはまだまだ出版社の仕事が忙しい68歳のときに、会社を辞めて介護の現場に転身するという大決断をされました。

　その少し前に、ご自身が病気で一度は死を覚悟するような宣告を受けられたという経験が、その大きな引き金になったと拝察していますが、私が書いた書籍中の「団塊の世代の定年後の役割は、地域の一住民として地域に貢献し、次の世代に背中を見せることではないか」という趣旨の文章に心を打たれたということでした。

私自身、自分の書いた文章が石井さんの人生に影響を及ぼしたことに身の引き締まる思いを致しつつ、その後、2人の交流は一層深まり、団塊の世代の今後の生き方を含めて、超高齢社会の在り方を語り合うようになりました。

石井さんは、その言葉通りに介護の実践現場で腰痛とも戦いながら、懸命に仕事をされ、介護福祉士の資格も取られ、すっかり介護界の一員となられたのです。それだけでも私には真似のできない見事な人生ですが、それに引き続き石井さんは、介護現場の実際の経験を基に『きっと楽になる家族介護のすすめ』(財界研究所)という書物を書かれました。

今は介護保険制度が導入され、介護の社会化が進んでいますが、家族の絆はどんな時代でも大切です。石井さんは、かつて自らの親の介護をされたときの様々な失敗の反省も込めつつ、家族として介護に関わることの大切さを念頭に置き、介護保険サービスも上手に受けながら「楽になる介護のコツ」を示されたのです。

このように石井さんが68歳にして介護の世界に身を転じ、73歳にしてこの書物を書かれたこと自体、私たち団塊の世代の生き方として目覚ましい行動ですが、それにとどまらず、今回は自ら実践してきた介護の仕事をさらに深く考察し、75歳にして『好きになれば好かれる人になる』と題する本書を書かれたのです。

私は、本書から石井さんのメッセージを次のように受け取っています。

1つは、石井さんのこれまでのすべての実践から見出された良い人間関係づくりの秘訣を伝えようとされていることです。

石井さんは自らも豊富な人生経験を経た上で、さらに年上の高齢者の介護に真摯に向き合い、そこで一つひとつ得心されたことを分かりやすく述べ、良い人間関係は与えられるものでなく、作り上げるものですよと語りかけておられます。

様々な課題の下で、移り変わりも早い現代社会において、人間関係で悩むことは誰しも経験することです。若い大切な時期に、コロナ禍により、人と人の触れ合いが持ちにくくなった経験をした若い世代は、なおさらかと思います。

ここに書かれた石井さんのお話を、高齢者に接する介護界の若い担い手はもとより、広く若い方々に読んでいただければ、あちこちから明るい人間関係の場づくりが広がっていくのではないかと思います。

もう1つは、すべての人の尊厳を認め合い、繋がっていくことの大切さを伝えようとされていることです。

石井さんは、介護の実践現場で介護を必要とする多くの高齢者と心を込めて向き合い、その方々の持つ優しさをしっかりと受け止められたのです。そして、人はどんなに弱っても、みな等しく尊厳を持っており、世代を超えてこれを認め合い、繋がっていけば、温かい社会になりますよと訴えかけておられます。

人生100年時代においては、誰しも大なり小なり障害を持ち、何らかの人の助けを必要とする社会になりますが、このことを温かい社会づくりのチャンスとして受け止めることが大切です。

本書をまとめられるに至った石井さんの行動力と思いに、深い敬意の念を捧げるとともに、本書が広く読まれ、日本が今後さらに温かく明るい国になりますよう心より祈念いたします。

はじめに

この本は、介護世代、老々介護の方、介護施設の職員の方々、それにＩＴ時代になり、人同士の交流が減少してきた方々やコロナ後の新しい人間関係を取り戻すのに悩んでおられる皆様にもお読みいただきたいと思っています。

このような時期に、介護施設に7年ほど勤務している私は、まさに人間関係の心理を日々学んでいます。高齢者の介護で学んだ人間関係構築の心理をお伝えして、よりよい人間関係を築いていただきたいとの願いで本書を書きました。

現在、自宅近くのご近所の方々がデイサービスやショートステイなどに通われる株式会社ゆいの「小規模多機能施設めぐみ」に私は勤務しています。

それまで勤務していた出版社を退職して、68歳から6カ月間、介護学校に通い、パートとして勤務を始めました。

50代前半に田舎の両親を呼び寄せ、母の介護も兼ね、13年間同居をしましたが、母の介護は、妻や介護職員の方々に任せていました。母の逝去後に、よく介護をしていただいた介護職員の皆さんへのささやかな恩返しに、介護施設に勤務しました。しかし、学ぶと実際に介護するのでは、あまりの違いに戸惑いました。二度にわたる腰痛等もどうにか乗り越えて、現在も勤務を続けています。

高齢者の皆様の介護をしていて気づきましたのは、私自身、できたら人のために尽くすような人生を歩みたいと思いながら、実行もせずに口先だけになっていたことです。高齢者介護に日々従事することが、実は直接、人のために尽くすことでした。

自らを省みて、とても本にして皆様にお読みいただくような人生経験も持ち合わせていませんが、介護をさせていただく高齢者の皆様と日々接しているうちに、皆様への介護を通して、人としてのお付き合いの大切なところが介護現場に全てあることにやっと気づきました。

勤務先の株式会社ゆいの介護理念にある利用者の皆様の「その人らしく生きる」ことを介護目標にして、限りある人生の「今」を充実して生きていただくために、一瞬一瞬に喜びを感じてもらえる介護を目指しながら勤務しています。

また、これまで本を読んで深く感銘したことや、直接ご指導をいただき、感動した方々の生き方を介護施設で実践していますので、どうにかまとめることができました。

介護を人生の修養と思い、温かく丁寧な介護をさせていただくことが、人生の最終章を過ごしておられる人生の先達である高齢者の皆様からの私への教えであり、思いやりではないかと思っています。

本のタイトルは、『好きになれば好かれる人になる』としましたので、若い方から高齢者の方まで、本の目次の中で興味のあるテーマがあれば、そこからお読みいただき、日頃の生活の中でご活用いただければ幸いと思います。

本を書くに至るまでの人生を簡単に振り返ってみますので、その背景をご理解いただき、お読みいただきますれば幸いです。

最初の父が1歳の頃に亡くなり、5歳のときに母の連れ子として、初婚の父のもとで長男として生活を始めました。その父は公務員として、人のために尽くしていましたが、小さい私に郷土の偉人である西郷隆盛さんの漫画を買ってくれました。何か心打つものがあり、ボロボロになるまで読みました。次には、西郷隆盛さんの偉人伝を買ってきてくれました。

そうしているうちに、中学校を卒業して、少年工科学校（少年自衛官）に入校しました。ここでは国民のために尽くすように、4年間教育を受けました。その後、私立大学で4年間勉強をし、いろいろな体験をして、普通の若者になりました。大学に入学するときに郷里でかわいがってくれた従兄が『人を動かす』（デール・カーネギー著、創元社刊）をプレゼントにくれました。自分中心の生き方をしていた私のその後の人生に大きな影響を与えた本です。

また、学生時代、大学紛争で休校が続いたときは、文学書をよく読みました。その中の1冊、『かかる軍人ありき』（直木賞作家・伊藤桂一著、光人社刊）を読み、その中の「戦犯記」の主人公と、亡くなられるまで23年間、文通で教えを請いました。「無私」を貫かれた方です。先の大戦後、北京における中国国民党の軍事法廷に参考人として呼び出されながら、自ら進んで部下の罪を一身に背負い、死刑を要求されました。その結果、2度にわたる死刑判決を受けるも、中国人民の助命運動により、法廷は減刑にしたのです。その後、巣鴨拘置所を5年で出所され、郷里の村長や保育園長をされたそうです。

私は大学卒業後、企業に就職してすぐに、休みの日には研修会「デール・カーネギー・コース」に参加しました。終了後、2年ほど「デール・カーネギー・コース」の研究助手になりました。当時、教えていただいた人間性豊かな主任講師の故・兼松正先生（元YMCA神戸副総主事、元大阪クリスチャンセンター理事長等）には、関西にいた11年間、人へのやさしさを教えていただきました。

30代半ばで関東に転勤して、兼松先生に紹介いただいた故・山崎房一先生（元国際MRA日本協会理事・元新家庭教育協会理事長）の下では、子育ての母親教室・父親教室の助手として11年間お手伝いし、親としての姿勢を教えていただきました。残念ながら、68歳で逝去されましたが、30年後の今も山崎先生の著書『心がやすらぐ魔法りのことば』（PHP文庫）、『ガミガミをやめれば子どもは伸びる』（PHP研究所）などはロングセラーとして読まれ続けています。

会社員時代、コンサルタントとしてご指導をいただいた、長崎昇先生（日本能率協会コンサルティング、国土交通省国土交通大学校講師等）は、顧客満足経営の教祖のような方です。お客様に尽くす姿勢を納得する理論で教えていただき、勤務する会社が大臣表彰を2回受賞できたのも、長崎先生の説得力のある熱心な姿勢のおかげでした。私は会社員時代、消費者サービス部門と総務部門（中央官庁と経済団体の対外折衝）を交互に経験してきました。このときに人とのお付き合いの下地が徐々にできてきたのも、本を書くのに幸いしました。

サラリーマン定年後、入社した出版社の会長は、来る者は拒まずの例え通り、誰に対しても親切にされていました。逝去されるまでの7年間、広く大きな心でご指導いただき、本を企画するに際しても、国や国民のことを念頭に置いて出版を考えるように言われました。

67歳で病気をした後、介護の道に進む決断をしたのは、出版社時代に企画した本の原稿をお願いして親しくお付き合いいただいた辻哲夫先生（厚生労働省元事務次官、元東京大学教授）の原稿の一文（団塊の世代の定年後の役割は、一住民として地元でいかに貢献するか。その後姿を後に続く世代に見せられるかがいま問われている）を読んで感動したことでした。長崎昇先生と辻哲夫先生には、長年のお付き合いの中で、私の無理なお願い事に対し、我が事のようにご指導とご協力をいただいています。

地元で教えをいただいているのは、田舎から呼び寄せた両親と一緒に住む家を探す過程でお世話になった不動産・建設・訪問看護事業を経営されている夢工房だいあんの創設者・光田敏昭相談役です。光田様は、人生の辛酸をなめつくされており、さりげなく口にされる優しさに徹した考え方や、いろいろな分野の本を紹介していただくなど、常日頃お世話になっています。

また、前著『きっと楽になる家族介護のすすめ』を、私の無理を聞き入れ、出版していただき、またこの度も出版をお引き受けいただいた財界研究所・代表取締役社長兼総合ビジネス誌『財界』主幹の村田博文氏には、志、使命、覚悟について、いつもお会いする度に話をしていただいており、拙著の中にも知らず知らずに反映されています。

これまで本や数人の方々の名前を挙げてきましたが、特に私に大きな影響を与えていただいた方々です。そのご指導や教えなりが、介護の世界で生きてきました。

また、心に残るご指導をいただきながら、お名前を挙げられなかった多くの皆様方にも紙面を借りて、お礼の言葉を申し上げたいと思います。

2023年（令和5年）10月

石井　統市

（まえがき　参考文献）

・『超高齢社会第3弾　日本のシナリオ』時評社、2015年

・伊藤桂一著『かかる軍人ありき』光人社、1986年

第1章

笑顔と笑いは味方をつくる最強のコミュニケーション

01 笑顔は、人の心を和ませ、距離感を一気に縮める

「人は、温かい笑顔で自分に関心を示し、気遣ってくれる人に好意を持つ。」

現在、私は近隣にお住まいで、障害を持たれた高齢者が利用される介護施設（小規模多機能型居宅介護）で7年間、介護に従事しています。初めて来所された方は、勝手がわからずに、じっとして様子を見ておられます。

職員は側に行き、お名前をお呼びして、自らも自己紹介をします。

利用者の方は、緊張しておられますので、お待ちしておりましたとの気持ちを込めた笑顔で、挨拶をします。

これだけでも緊張がほぐれます。また、以前からご利用の方々にも笑顔を向け、「○○さんです。今日からご利用になられます。○○町にお住まいの方です」と紹介して、側の方には、名前を述べていただいたり、職員がお伝えします。そうすることで、初めて来所される方もリラックスしてホッとされる雰囲気づくりができます。

日頃は、施設で勤務に就くと、来所された利用者の皆さんに、ニコニコしながら、ちょっとおどけたしぐさをして挨拶をします。

体調の悪い方がおられたら、事前に申し送りや記録表で確認をしますが、「ご気分はいかがですか。どこが痛いでしょうか？」などとお話をして、体調に関心を持ちます。「気になることがあれば、声をかけてくださいね」とお伝えして勤務に就きます。

人は温かい笑顔で自分に関心を示し、気遣ってくれる人に好意を持ちます。

この行動は、学校や職場、友達との交友の中、どこであっても同様に生きる行動です。職場でも明るくにこやかに他人への関心を示し、気遣ってくれる人には、誰でも心を開き信頼をします。

日常生活では、他人が自分にそのような行動を取ってくれる人は少ないものです。介護施設では、皆さんが高齢者で、体調がすぐれず、日常つらい思いをされている方がほとんどです。職員は、利用者の皆さんが少しでも快適に過ごしていただくように配慮しています。

職場でも、自分が笑顔で率先して周りの人に気遣いをしてみましょう。人間関係がスムーズにいきます。

02 笑いは緊張をほぐし、仲間意識を生む

「意識して笑いの輪を作り、また、笑いの輪の中に入ると、笑う仲間になれる。」

笑いの効用は誰もが知っている周知のことです。ところが、知っていながら意識して活用している人は少ないのではないかと感じています。

もちろん、「お笑い」を職業にしておられる人たちの芸やコントを見て、私などは笑い転げて涙を流したり、突然大声で笑い出してしまうこともよくあります。この行為は人間の特性であり、他の動物が笑い転げている姿を見ることは、フェイク画像でない限りありません。

では、高齢者の皆さんにとって、笑いの効用は如何ほどかというと、介護施設で勤務する私には、とても大きな心の解放があると思っています。自分の思うような行動もままならず、悩んでおられる高齢者の方が、楽しく単純な職員のしぐさで、少しでも笑っていただくと、明るい表情に変わり、楽しい時間が目の前に広がります。

職員の中には出社すると、もう介護施設全体を明るい雰囲気に包んでしまうオーラを出す職員もいます。当の職員は勤務を始めると、利用者さんへのちょっとした問いかけやしぐさで、施設全体に笑いが弾ける瞬間を何度も作ります。利用者さんたちのそのような笑顔を見るのは、職員としてもホッとするのです。

すると、笑いは次の笑いを誘発するのか、他の職員にもそのような行動が連鎖して、また笑いが起こります。私などすぐに乗る方ですので、ついでに面白いことを言ったり、おどけた格好をして笑いを誘います。

笑いの起こった雰囲気の中で、笑いを誘うのは割とたやすいものです。私は、決して面白くもない人間ですが、和やかになった雰囲気の中で、多少間違おうが面白くなかろうが、面白いことを実行することの方がたやすいと感じ、下手な芸を披露して笑いを誘います。

笑いを引き出すのが上手になるのも、やはり練習です。家で練習する暇もないのですから、実践で失敗を繰り返しながら、笑いの質を高めていくのが簡単だと思います。笑いは生活の中でも大切だと、多少なりとも感じておられる方は、自分の新しい面を少し強化されて、違う側面も周りの人に理解してもらうのも良いと思います。

現代社会は何かと緊張の多い時代です。人前でリラックスできる自分を持つことは、長い人生を生き抜く上で必要ではないでしょうか。

03 笑顔で笑いを誘うと、人は好印象を持つ

「（笑う門には福来る）のことわざ通り、笑顔は誰でもどこでも使えて効果を発揮します。」

笑顔を絶やさずに、笑いを誘う人の周りには人が集まります。人が集まらないまでも好意を持ってもらえ、笑顔を返してもらえます。また声をかけてこられます。

介護施設では、利用者さんは車いすか、歩行困難な方が多いので、自分から楽しい職員の周りに集まってこられるようなことはありません。しかし、笑顔の楽しい職員が声をかけると、話しかけてこられます。人は、楽しい雰囲気の人が自分に話しかけてくれれば、楽しい雰囲気に自分も入ろうとあいづちを打たれるものです。

介護施設では、職員の人数が足りない場合もあり、1人の方に時間をかけて話をお聞きするゆとりがありません。しかし、一般社会では、会社や子供たちの親の会合などで話をリードする人より、自分の話をよく聞いてくれる人に関心や興味を持ち、良い人だとの印象を強く持ちます。

職員が忙しい中でも、普段から度々笑顔で話しかけて、その人の話を聞こうとする努力をしていると、その職員を気に入ってくださいます。

利用者さんの意に染まぬこと、例えば、体がきついのでベッドで休んでおられるのを起こし、デイルームにお誘いするときなども、お気に入りの職員が声をかけると、利用者さんはあまり気が進まなくても動いていただけます。

中には、自分の考えを強く主張される利用者さんもおられます。そのような方には、なぜお願いをしているのかを丁寧に説明します。すると、分かったと返事をされ、動いていただけます。もちろん、職員はお礼を言いながら、案内や介助をします。例えば、トイレの意思表示をされない利用者さんの場合など、お願いすると、それ以降は、ほとんど拒否をされず、行動をスムーズに取っていただきます。

一般社会の営みでも信頼関係ができると、話が早いものです。

信頼関係づくりのきっかけは、自分の笑顔や笑いへの誘いなど、まず身構えずに、話ができる雰囲気づくりが潤滑油の役割を果たすことを理解いただき、相手の行動に期待するのではなく、自分からそのように行動を起こすことが何よりも大切です。

04

素人芸でも笑うと、嫌なことより楽しい記憶が残る

「素人芸は、かえって失敗した方が喜んでいただけます。気にせずにやってみます。」

介護施設の利用者の皆様は、どこか体が悪く、要介護の状態です。歩行器や車いすを使用されている方も多数おられます。お体が悪いので、笑顔や笑う気力もなかなか出てきません。

そこで、職員や私はできるだけ笑って、楽しい雰囲気づくりを心掛けます。

それには日常の何気ない話題をニコニコしながら話しかけます。「こんにちは。今日は天気予報で寒いと言っていたので厚着をしてきました。坂を上っていたら暑くなり、汗が出ました。部屋に入ったら暑いじゃないですか。今日は暖かい日ですね」。すると、話しかけた利用者さんから「そんなことないよ。丁度いいよ」と返事が返ってきます。

私は、「あれっ私だけ暑いのかな、窓を開けていいですか」と話をしながら窓ガラスを開けるふりをします。すると「やめてよ、寒いよ」と言われますので、「やはり今日は寒い日ですね。あたり！」と言いながら、オーバーな動作をして笑いを誘います。今まで静かな雰囲気がいっぺんで明るくなり、周りの方もつられて笑ってしまわれます。

今では、凝った動作ではなく、テレビでお笑いの芸人さんたちがされている芸を真似したりしながら、介護施設でこのようにいろいろなチャレンジをして笑っていただくように心掛けています。笑っていただくための芸に凝るよりも、私は素人なので、かえって簡単な失敗をして笑ってもらった方が良いと考えています。

最初の頃は、厳格な方に、「馬鹿なことはやめなさい」とたしなめられておりました。

そんなときは、「ごめんなさい」と言いながら、おかしな動作をしつつ遠ざかっていくのです。他の職員も面白い動作をしてくれるようになり、その方も慣れてしまわれ、今では良く笑っていただいています。もちろん介護は、丁寧にして差し上げます。

このような心境になるまでには、母親の介護でほとんど笑いもせずに、少しでも良くなって欲しいと母に常に注意をし続けた長い失敗の歴史がありました。そのときは、私も疲れが取れなかったなと懐かしく思い起こされます。

05 温かい思いやりの笑顔で接すると、以心伝心で心が通じる

「温かい思いやりのある笑顔は、相手の心と対話しています。」

利用者の方の中には、最も介護度の重い要介護5の方もおられます。意思表示も困難で、食事も介助しながら食べていただきます。飲み込まれるのも難しいので、ミキサーですりつぶした食事にとろみをつけて差し上げます。

スプーンで食事介助をしながら、笑顔で「これは小松菜の煮つけですよ。これはカレイの煮つけですよ。いかがですか。他の皆さんもおいしそうに食べておられます」などと、料理の説明と季節の話題なども取り入れて、食欲を増していただくように配

慮します。喜怒哀楽をほとんど表現されない方は、表情を変えずに召し上がられます。衰弱しておられる方は、食事を終わられると、目を閉じて静かに過ごされます。しかし、様子を伺いに個室に入ったり、近くを通った際、お声をかけると、手を出されたり、ほとんど聞こえないような小さな声で、「ありがとう」「すみません」と言ってくださいます。お礼の気持ちを精一杯表現されておられるのです。さらに職員は、優しく思いやりを持ち、介護に当たります。

日頃、日常生活や社会活動の中でも、ちょっとした心遣いはほとんどの皆さんが取っておられることでしょう。しかし、相手の方より、優しく感謝のこもったお礼を言われることは、日常の場面ではないこともあります。つい相手の方も忙しく、お礼を言う機会を逃してしまうことが多いものです。私もお礼を伝えないまま、時間が経ち、つい言いそびれてしまうことが幾たびもありました。

ここまで年を重ねると、いま言わないと次の機会はないかもしれないと、相当の月日が経ってから、手紙やメールでお詫び方々、お礼を伝えます。

今回の事例の方々で、体も動かれない、言葉ですぐに表現できない方も、お礼の気持ちを目の動きや限られた動作でお示しいただきます。読者の皆様も、相手の方に感謝されるようなことをしてあげても、お礼の一言もない場合もあることと思います。

しかし、今回の事例を思い出していただき、お礼を申されなかった方に、次も笑顔で思いやりのある行動で接してください。

06

笑いにちょっとした楽しい動作が加わると、笑いは広がる

「笑いに笑いを返してくれる、ほほえむ、明るい顔になる、その場にいる人、すべては笑いの中の人たちです。」

介護施設では、良く笑ってくださる方に面白い話をしながら、ちょっとおどけたしぐさをして笑っていただきます。その方の笑いから、何が起こったのだろうと、近くの方や他の方に笑いが広がっていきます。

最初に私の笑いを誘うしぐさを受けていただく方には、長い人生経験から、ひよこの真似や動物の真似などをするのですが、動作が下手でも、やっている私に合わせて

喜んで手を叩いたりしていただきます。

介護施設では、デイサービスで来所された利用者さんには、今日は楽しかったという思いを持って帰宅していただきたいと思っています。楽しく面白くないとデイサービスを渋ってしまわれます。

自宅では家族の方が介護で大変な思いをされていますが、このようなときこそ、笑いをつくる工夫をして、明るい家庭に変えていただきたいものです。

家族が忙しいと、介護をしながら笑ったり、冗談を言ったりする暇がないと思っておられる方が多いと思います。

介護が始まると、それまで和やかだった家庭もいつまで介護状態が続くのか、不安が先に立ち、ゆとりもなくなり、笑いのない家庭になることが多いものです。私の家庭も認知症の母が同居してからは、母の発言がおかしいと、私が母に指摘したり、意見を言うものですから、食卓は緊張感が漂い、食事を早く切り上げたいと思うような雰囲気でした。

認知症の相手が、どのような気持ちでいるのか、理解も不十分なまま、母の介護に入りましたので、接し方も分からずに、自分でも悩んでしまいました。

高齢者の症状の一つ、認知症についても、ある程度の知識を身につけておけば、最近は少しゆとりを持って介護をすることが可能になっています。そのような知識と理解のある家庭環境で、工夫していただくと、笑顔や笑いのある日常生活を送ってもらえるのではと思います。

今は、共稼ぎ家庭が非常に多い時代で、時間的にもゆとりがない時代です。だからこそ、笑顔と笑いで温かい家庭を作り、困難に対し家族全員で乗り越えていくこともできるのではないでしょうか。

07 常に笑顔を絶やさない人のそばに人は集まる

「笑顔を絶やさない心掛けで、家庭でも職場でも誰もが主役になれます。」

簡単なことのようで簡単ではないテーマです。私も介護施設で勤務するようになり、やっと笑顔が続くようになったと自己採点しています。現役時代の私は、硬い表情やしかめっ面、時々笑顔で勤務していたように思います。高齢になると、特に顔の表情が硬くなり、スマホで写真を撮ると、自分の顔かとびっくりします。

介護施設に来所される利用者さんは、体が悪く、気分的にもなかなか笑顔になれない方が多いものです。そのような皆さんに接する職員の中で、いつも明るい太陽のように、笑顔を絶やさずに挨拶や言葉かけをする職員を見ていると、私も素直にいいなと思います。

そこで、私もそのような社員の行動を真似して、実地練習をしています。普段から硬い表情やつらい表情をされている利用者さんにも、常に笑顔をふりまき、声をおかけします。すると、気分のすぐれない方は、何が楽しいのだというような顔で私の顔をジーと見られます。そのような雰囲気になると、言葉に詰まり、笑顔も消えかけますが、どのように話を繋げば良いのか、笑顔の上手な職員の行動を思い出します。

「何か用事はございませんか。今日は少し体調が悪いようですね。雨のせいですね。何か用事があれば、〇〇さんのために飛んでいきます。何でもおっしゃってください」と笑顔でお伝えして、他に移動します。

確かに、私たちも腰痛で1日中、痛い思いしているときに笑顔で話をするように言われても、返事をするより寝ていた方が楽だという経験があります。皆さんも同じような経験をお持ちだと思います。その利用者さんからは、笑顔は返ってきませんが、そのような職員には声をかけやすいのか、よく声がかかります。

一般社会の営みで、営業先の人と接するときには、笑顔が大切な要素の一つになると思います。売り込み製品に他社と大きな違いがなければ、多少営業トークが下手でも、誠実な笑顔で話の楽しい担当者に購入を決めるのではないでしょうか。

定年後の出版社時代、新刊の企画をして本の営業を率先していた頃、訪問先では心のこもった笑顔が何よりも最初の印象を決めると書かれた本を読み、満面に笑顔をたたえ、挨拶したものでした。

08

相手の笑顔を感謝の言葉と心得る

「相手の方の困りごとに対応した場合は、してあげようと思ったときの相手の笑顔ですでにお礼をもらったと考えます。」

相手に親切にしてあげたとき、人は何かを求めることが多いものです。簡単な手伝いなどをしてあげたとき、相手の人が何も言わない場合は、「お礼の一言ぐらいあっても良いのでは」と、つい私など会社勤めの現役時代に口走ってしまうことがありました。

ところが、介護施設で働くようになると、病気の程度にもよりますが、話のできる利用者さんは、どなたも、職員の介助でトイレや口腔《こうくう》ケアなどの身の回りのことをされたときには、「ありがとう」などと必ずお礼を申されます。職員は仕事で当然のことをしているのですが。

中には、寝たきり状態の方で話される力もない方、脳梗塞の方など言語機能に障害を生じ、話ができない方、また、認知症が進行して会話ができない方もおられます。いろいろな症状の方の介護をしていると、その方の微妙な表情や体の動きを読み取る必要があります。

そこでは会話が成立しません。しかし、介護をさせていただいているときに、うなずかれたり、微《かす》かに笑顔になられたり、表情が柔和《にゅうわ》になられたりしていく全身の微妙な変化を読み取ることにより、介護をしたことで安心され、喜んでおられるのが分かります。

一般社会では、そのような経験は少ないと思います。職場や学校で人に親切にしたことにより、お礼の言葉がない場合も、多々あると思います。ですが、前の文章に書きましたように、お礼を言いたくても、病気で言えない方も大勢おられるのです。

人に親切にしてあげた場合、そのときに相手の方が笑顔になられたり、感謝の気持ちが表情に表れていたら、それはお礼を申されたと理解するのはいかがでしょうか。親切なアドバイスをしてあげたり、助言を伝えたりした後に、難問をうまく乗り切られたような場合、お礼の言葉がない場合が良くあります。助言された当時に、笑顔をされていたのであれば、お礼を申されたと過去形にしてみることで、気持ちが楽になり、気にならなくなります。

後日、もし相手の方からお礼の一言でもあれば、できた方だと前向きに考え、以降も仲良くお付き合いをされたら良いと思います。

09

笑顔や笑いを自ら意識し、作り出すことで、その効果はより高まる

「笑顔や笑いは、自分の生活の場で意識して作り出すもので、他人から与えられるものではありません。」

笑顔や笑いはいつも自分が意識して練習したり、考えないと作れないものだと介護施設に勤務して初めて分かりました。それまでの会社人生では、若い頃は、宴会のときなどでコントをしたり、一発芸をしたりしましたが、年と共に何か違和感を感じ始め、全くしなくなりました。その頃から面白みのない人間になったのではと、いま振り返り、思い出しています。

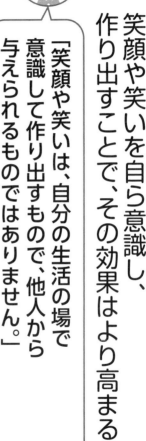

介護施設に勤務するようになり、笑顔や笑いの大切さを身をもって知ることができました。前作の『きっと楽になる家族介護のすすめ』にも、笑いの効用を詳しく紹介していますが、高齢で病気になられ、自ら笑顔になれず、笑うことのできない利用者さんを見るにつけ、笑いを提供することは、職員の重要な業務の一環ではないかと思うようになりました。その修行を怠《おこた》っていた私は、学生時代から若い会社員時代にかけて養《やしな》った面白芸を引き出しに入れ、忘れていました。そこで、古い芸でも引っ張り出して、とにかく介護施設で利用者さんに笑っていただくことにしました。

丁度、昼食後の昼間から出社の私は、時々レクリエーションを担当させてもらいます。音楽体操や唱歌、歌謡曲を皆さんで歌い、次いで歌いながら踊りも踊ったりして、楽しさを盛り上げ、皆さんに大いに笑ってもらっています。

この笑いを追求するのは介護職員として正しいと確信を持てたのは、本屋でふと手にした本『もう3Kとはいわせない　5Kといわれる介護施設の秘密』（フジモトゆめグループ代表・社会福祉法人　隆生福祉会理事長・藤本加代子とエスコート達、P

ＨＰ研究所）でした。法人理念に、五つの笑顔として、ご利用者様の笑顔、ご家族様の笑顔、地域の笑顔、職員の笑顔、法人の笑顔と定め、「五つの笑顔の」原点は、「職員の笑顔」です、と言い切っておられます。

人間関係の付き合いの中で、笑顔や笑いは、お互いの潤滑油として大きな効用をもたらします。

（第１章　参考文献）

・川崎医療短期大学学長　小池将文・元川崎医療短期大学教授　内田冨美江
社会福祉法人　みその総合ケアセンター（仮称）開設準備室長　森繁樹監修『実務者研修テキスト』日本医療企画、２０１９年
・フジモトゆめグループ代表　社会福祉法人　隆生福祉会理事長　藤本加代子とエスコート達著『もう３Ｋとはいわせない　５Ｋといわれる介護施設の秘密』ＰＨＰ研究所、２０１７年
・石井統市著『きっと楽になる家族介護のすすめ』財界研究所、２０２０年
・Ｄ・カーネギー著『人を動かす』訳者　山口博　創元社、２０２２年
・山崎房一著『心がやすらぐ魔法のことば』ＰＨＰ研究所、２０１９年
・山崎房一著　高柳静江協力『新版　ガミガミをやめれば子どもは伸びる』ＰＨＰ研究所、２０１５年

第2章

会った人を好きになれば、相手も好意を持つ

01

笑顔で挨拶《あいさつ》し、体全体で歓迎を示せば、相手も喜んで歓迎する

「初対面はお互い緊張するものです。先に歓迎の笑顔で挨拶をし、安心してもらいます。」

介護施設に初めて来られる利用者の方は、見るからに緊張しておられるのが手に取るように分かります。表情が硬く、どのようなところだろうと、そわそわしておられます。このような緊張感は、社会生活の中で、どなたでも味わってこられたと思います。

そこで、職員は、笑顔でまず挨拶をしに行きます。それも良くお越しいただきましたとの歓迎の気持ちを身体全体に込めて挨拶をするのです。普段、私たちが社会生活

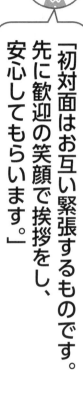

をしている場面でも同じだなと思いがちですが、それと違うのは来られた利用者の皆様は、どこか体が悪い方々だということです。また、ほとんどの方は自分の家が一番落ち着かれる場所なのです。

来所される方は、行きたくないのに家族の都合で利用されておられるかもしれません。多くの方がそうです。知らない人の中に放り込まれ、緊張するのではないかとのお気持ちで一杯です。先にご利用の皆さんは、誰が来たのかまた注視もされます。

ここまでくると、かえってもう体調が崩れそうに感じられるかもしれません。ここで、歓迎の気持ちを体一杯に溢《あふ》れさせた職員が、既にご利用の皆さんに紹介したりしながら緊張をほぐします。その後、お住まいや出身地をお聞きして、同じ方がおられたらご紹介します。

最初は職員の名前も、すでにご利用者の皆さんの名前も特徴も覚えられるものではありませんが、この介護施設はあなたを皆で歓迎していますよ、あなたに心地よい施設ですよとのメッセージを出します。

家族も側におらず、心細く思っておられる方の心にきっと響いていることでしょう。人は自分が大切にされていることを実感すると、心が安定し、安心をされます。人生を生きていく上でも忘れてはならない要素です。

02 その人を深く理解し、大切な人として接すると、心を許される

「人は自分に好意を持ち、関心を示す人を好きになります。」

人は、自分に興味を持ち、大切な人として接してくれる人を好きになるものです。

これは、社会生活の中でも常識的なことです。

私は、株式会社ゆいの小規模多機能型居宅介護事業所の「めぐみ」で近隣の利用者の皆様の介護に従事していますが、会社の介護理念として、利用者の皆様の「その人らしく生きる」ことを職員は目標にしています。利用者の皆様の限りある人生の「今」を充実して生きていただくために、一瞬一瞬に喜びを感じてもらえる介護を目指しています。

そのために私たち介護職員は、初めて介護施設を利用される方のプロフィールがあれば事前に確認します。その方の病歴や過ごして来られた生活歴などを分かる範囲で理解に努めます。もちろん、個人情報保護法で会社が定めた守秘義務を十分順守した上でのことです。

ご利用の初めには、その方の来《こ》し方《かた》をお聞きしながら理解に努めます。関連する自分の知識も駆使し、いろいろお聞きするのです。ご自分の故郷や過ごされた場所、卒業した学校、趣味などをお聞きしていきます。その話題の中で初めて聞いたことなどは「そんな良いところだったのですか。これまで知りませんでした」と驚きながらお伝えします。すると、さらに話が広がっていきます。知らないことがあれば教えてもらいます。

男性の利用者の方々は、仕事一筋で厳しく生きてこられたからでしょうか、気難しい方が多いのですが、このようなわずかな時間でも話をお聞きすると、横を通っても笑顔を返してくださいます。

私は、男性の方々ともすぐに仲良くなります。私より人生経験を多く積まれ、人生の後半に意図せず病気になられ、今は不自由な生活を送っておられます。病気になる前は、長い人生の山河《さんが》を生き抜いてこられたのですから、尊敬の念を持ち、介護をさせていただきます。もちろん、女性の利用者の皆さんにも同様に接していることは当然です。

その方に強い関心を寄せ、大切な人として話を聞いて、驚いたり、感心したりしながら、その方の心を掴《つか》むことは、親しくなるための第一歩ではないでしょうか。

03 自分の話に反論せず同意する人は、自分の味方と思う

「自分の話に興味を持ち、同意してくれる人は自分の大切な人になります。」

勤務する介護施設は、体の悪い要介護の方が利用されます。ご自分の体が自由に動かないことに、いら立ちを持たれる方もおられるのです。

このように、いろいろな感情が同居して、ご自身でも困っておられる方もおありでしょう。利用者の方が話をされることは、できるだけお聞きし、多少おかしいなと思っていても、指摘をしないで、まず「そうですね」と心より同意をしてあげるのが一番喜ばれます。人は自分の発言に同意してくれる人が好きになります。

もちろん、その話が明らかに間違っており、本人や他人に悪影響が出るような場合は、やんわりと「そうですか。そのような考えもあるのですね。一度私も考えてみます」。そして、これまで話をされた中で同意できることを持ち出し、「前回の話は良いお考えでしたね」とほめて「今日の話は、私も一度考えてまたお話しましょう」などと話し、また、次の機会に話をするのも良いのではないでしょうか。

介護施設では、利用者の方の話を聞き、「そうですか。良いお考えですね。私もそう思います。できるだけお手伝いできるようにします」などと返事をすると、喜んでいただけます。一般社会のどのような場面でも、自分の意見を述べたときに、相手に同意してもらい、ほめてもらえば、相手の人を良い人だ、気の合う人だと評価するものです。

介護を受けておられる方々は、日常生活に支障があり、介護を受けておられます。その分、ご自分の希望や要望は切実なものが多いものです。できるだけお気持ちを理解しながら、その方に寄り添う必要があります。素直な気持ちで、ご要望をお聞きし、実行して差し上げることは、その方の生きる力にもなります。

一般の社会生活では、介護施設の中でのやりとりのような切実な要望はないと思いますが、誠実に知人の話や要望を聞き、同意してあげたり、協力してあげると、良い人間関係が築けるのではないでしょうか。

人との付き合いが、円滑に進むためには、相手の人の話に耳を傾け、同意することにより、自分も協力してもらえる多くの知人に恵まれていくことと思います。

04

相手の性格や趣味、特技など良いところを躊《ちゅう》躇《ちょ》なくほめる

「ほめ上手になることは、多くの人と上手に生きる上で大事な要素です。」

長い人生を歩いてこられた方々は、いろいろな趣味や特技をお持ちです。しかし、身体が不自由になり、辞めておられる方も多くおられます。皆さんに趣味など、いろいろお聞きします。塗り絵や切り絵、毛糸編みなどの趣味に関して話を伺い、施設でできることを、また再開していただきます。体は不自由ながら、上手に塗り絵や切り絵、毛糸編みなどを完成させていかれます。

そのようなときは、横を通りながら、ちょっと足を止めて、眺《なが》め、「お上手ですね」

「よく細かいところまで切り抜かれましたね」「写真で映したようにきれいに風景を塗りましたね」とほめていきます。ご本人たちは、得意な趣味ですので、正当に評価されて喜んでいただきます。子供の才能を伸ばすには、ほめることは効果があるとの評価が定着していますが、大人も同じではないでしょうか。

米国で駐在をしていた人の話では、小学校でその子の良いところを大いにほめる教育をしているそうです。それもクラスの子供たちの前で絵が上手であるとか、作文が上手だとか、図工で個性的な創造性を発揮しているなど、先生が子供たちをほめて、その子の個性を大きく伸ばしてくれるそうです。

皆さんが良く理解しておられる個性を伸ばす簡単な習慣を子供さんに対しては、どなたも実行しておられることと思います。これは高齢者の皆さんにも大きな効果があることをお知らせしたいのです。日本の場合は、特に家族の中で中高年になると、そのような習慣が薄れてしまうと、自分の反省も踏まえて思っています。

介護施設で利用者の方々の良い点をほめることは、その方々の日常生活に大きな効果があることに気づきました。母親を介護していた時期に、母に良かれという気持ちであったものの、指摘ばかりせずにほめていたら良かったなと反省しています。すると、家庭内の緊張は解かれ、年老いた両親が過ごすにはちょうど良い、和やかな家庭環境ができていたことと思います。

どの世代でも、自分の得意なことをほめられるのは嬉しいものです。

05 現状をそのまま肯定してあげると安心する

「相手を受け入れるということは、ありのままを受け入れることです。」

今のありのままをすべて受け入れ、そのままで良いのだと、介護する家族も本人も思うことから、スタートするのが良い考えです。しかし、この考え方はすぐ実行できそうで、なかなかできません。介護施設を利用される方は、皆さん、体のどこかが悪いのです。つい先日、いや数年前までは、体が元気で、友達と旅行や買い物に出かけたり、体調のことなど気にされずに、楽しい食事を家族とされていた方々です。

ところが、病気になると、日常何気なく取られていた行動が制約を受けてしまわれます。趣味や運動、外出、友達付き合いなど、日常生活のすべてにです。若くて元気な方々は、ちょっと想像ができないのではと思います。ですが、若い方々の周りにも、高齢で体の不自由な祖父母や両親、親戚の方、知人の家族など、見回す限り、大勢おられます。

特に身近な方の中に体が不自由な高齢者がおられると、つい少しでも力になろうと力んでしまいます。これは身内だから、仕方のない感情かもしれません。二十数年前に、母の介護を始めたときは、誰よりも立派な親孝行息子になろうと力を込めて介護を始めました。13年間の介護生活は、仕事も忙しかったのですが、認知症初期から中期の母親を少しでも治そうと思い、休日は頑張り過ぎ、いつも疲れが取れませんでした。母のありのままを受け入れたら良かったのです。この体験を反省し、介護学校に半年通い、介護施設に勤めて学んだ教訓を前著の『きっと楽になる家族介護のすすめ』に記していますので、ご参考にしてください。

介護施設では、仕事柄、他人の介護ということもありますが、これまでの人生の中で学んだ「その方のそのままをすべて受け入れる」ことに徹しています。病気で体が思うように動かない方は、ご自分でも悔しい思いやつらい思いをたくさんしておられます。その方が体の悪いことを残念に思って言葉に出されるときは、一緒に寄り添い、その方の言葉を反復して慰《なぐさ》めます。

例えば、「私は、右が半分麻痺《まひ》しているでしょう。介護してもらいながら立ち上がるときなど、痛い方の手足を触られると、すごく痛いのよね」と、つらい話をされます。私は、「麻痺している方の手足を介護の際に触ると痛いのですね。つらいですよね。つい昨年まではお元気でしたでしょうから。では、痛いところは触らずに介護するように考えますね」と慰めます。すると、安心をされて、表情が和らぐのです。

また、時が経つと、その障害を認めて受け入れていかれます。少しでも前向きになられるように、趣味の切り絵や塗り絵などをできるだけしていただきます。また、現状より悪くならないように、簡単なリハビリをお勧めします。始めると、お顔が明るく前向きな話をされるようになります。

普段の日常生活では、つい励ましてしまいます。少しまわりくどいようですが、まずその方の立場に立ち、心の悲しさやつらさを分かってあげながら、その上で、少しずつ前向きに活動されるように支援していくのが、明るく前向きに生きていく力を持つことに繋がります。

06

協力を惜しみなくすると、信頼を勝ち得る

「協力は、相手を見極めてからその人にとってよい協力を惜しみなくすることです。」

介護はどのような場合にも、惜しまずに本人の思いに協力するのでしょうか。社会生活でも、介護施設でも、時と場合を考えて、その人がして欲しいことをして差し上げるのが、基本と思います。しかし、介護施設では、ある程度、自分の身の回りのことができる方には、できるだけ自分でしていただくようにしています。

その方の日常生活動作（ＡＤＬ）の支援を本人がして欲しいと希望されても、過剰な介護でその方の身体能力が低下してしまうような場合は、理由をお伝えし、自分でできるだけしてもらうようにしています。もちろん、ご自分でトイレに行けないとか立てないなど、その方の病状歴を確認していますので、介護しないといけない場面は、積極的に支援します。一般社会でも、その方に必要な協力を見極めて、必要なら協力をしてあげられると感謝されるものです。

特に困っている人に手を差し伸べることは、現代の礼儀ではないでしょうか。社会的には、電車に乗った際に、困った人に席を譲るなどのマナーや災害時の寄付やボランティアなどは、お困りの方のニーズなどを良く理解して実行されますが、高齢者介護も同様です。

自宅での介護は、線引きが難しい場合があります。このようなときは、利用されている介護施設やケアマネジャーに相談されるのが一番の解決策です。特に、高齢者の家庭では、ちょっとした段差などで良く転倒されます。昼間は、その行動を見て、危険な場合は、手を差し伸べることができます。しかしそれが夜中の場合は、家族に迷惑をかけないように、そっと1人で床から立ち、トイレに行かれる途中で転倒されます。私の母も転倒を何回も繰り返しましたので、介護保険を申請して、廊下に手すりを付けてもらったり、ポータブルトイレを購入したりしました。それからは転倒もなく自立を助けました。

家族にとっては、精神的にも肉体的にも介護で精一杯な場合、考えも浮かばないことが多々あります。どのような場合も、ある程度の情報収集をして、本来しなければいけない協力を惜しみなくしてください。

07

相手の話を嫌がらず、何度でも聞くことで、お気に入りになる

「何度でも同じ話をされる方は、それなりの理由があります。聞いて心を充足してあげましょう。きっと喜ばれます。」

初対面の人も普段から親しい人からも、十分に相手の話を聞きましょう。相手が話をしたいことをさえぎらずに、あいづちを打ちながら聞いてもらえるのは、話をしている本人にとっては嬉しいものです。これは、誰にでも通用する法則です。

さらに、話している本人が重視していることや強調していることには、話の間合いで好意的な質問をして、関心を持っていますよとの意思表示をしてあげたら喜ばれます。また、それ以上の詳しい話が聞けます。このような考え方は、トップセールスマンや営業のコンサルタントの方々の話の中心テーマになります。

自宅で高齢者介護をされている方も高齢者施設でも、この考え方が非常に大切です。社会の中では、同じ話を何回もされる方は、あまり見かけないと思います。中には、自慢話を繰り返しされる方はおられるでしょう。

しかし、高齢者は同じ話をする傾向が強く出ます。若い世代の方のように、変化に富んだ日常はどうしても経験しなくなります。すると、昔話が多くなり、聞く方は、またかということになり、耳を傾けようとしなくなります。認知症が出ている高齢者では、中核症状（記憶障害や季節・時間・場所などが分からない見当識《けんとうしき》障害など）やそれに伴う周辺症状（幻覚・妄想や徘徊《はいかい》・昼夜逆転など）が出ますので、さらに顕著になります。

これまで家族や知り合いに認知症の方がいない方にとっては、びっくりするような体験をされることと思います。同じ話を繰り返し、数えきれないほど聞かされたり、例えば、自宅や介護施設から出ていこうと1日に数十回徘徊をされますので、ご家族は、ほとほと困り果ててしまわれます。そのような症状が出ている方でも、話に耳を傾け、優しくあいづちを打つと、安心され、静かに話をされます。

家事や仕事があり、忙しい現代人にとっては、時間の無駄のように思われますが、この傾聴《けいちょう》する姿勢は非常に大切です。ちょっと、時間にゆとりを持ち、話を聞くことは、人生のどの場面でも相手の信頼を勝ち得る大切な姿勢です。

08

その人の人生を一緒に追体験すると、良き理解者になれる

「人は自分の人生の来し方をよきにつけあしきにつけ聞いて欲しいものです。」

この考え方は、現代の機器を活用し、非常に簡単に追体験できます。介護施設に新しい利用者の方が来所されると、その方のプロフィールをお聞きする話をしました。読者の皆様も、偉人や好きなスターなどがおられる場合は、その方の足跡を辿ったり、生き方を学んだりされることでしょう。

介護施設に来られた新しい利用者の方に、私は生まれた地域や小学校、中学校・高校などの名前をお聞きし、スマホで検索します。すると、生まれ故郷の風景や小学校・

中学校などが出てきます。中には、統合や廃校になる前の記録や写真が出てきます。スマホの小さな画面ですが、それを見た利用者さんが「アレー」とか「懐かしい」と声を出されます。そこで、故郷のことを思い出していただくのです。

高齢になっても古い記憶はある程度鮮明に記憶されており、忘れていた故郷の話が話題になると、途端に懐かしさを覚えて、目を輝かせて話をしてくださいます。聞く方の私も、その方の若かった頃の情景が見えてくるようです。次々に質問をして、どのような方かを理解するようにしています。

子供の頃の食べ物で好きなものを尋ねたり、どのような遊びをされていたのか、小学校では初恋の人がいたのかなど、また、名所などの写真を出すと、ここには良く行ったと特徴を教えていただきます。ここまで質問を重ねていくと、楽しそうに話を続けてくださいます。

初めて来所された方でも、初対面の職員である私に、いろいろな自分の生い立ちを話されると、もう知らない人同士ではなくなるのです。夫婦で行かれた旅行の話など、こちらもお聞きしながら楽しんでいます。このようなちょっとした思いやりで、人の間合いは一気に縮まり、親しくなります。

このやり方を一般社会で使うと、同僚や上司、取引先の関係者などとの関係も一気に深まるのではないでしょうか。私も知人に郷里の地名を聞いても、行ったこともない土地の場合、ピンときません。そこで次回、その方に会うまでに郷里の特徴を調べておき、次に会ったときの話題づくりにします。もう既にやっておられる方が多いと思いますが、これは友達づくりや仕事でお近づきになる有効な方法だと思います。

09

他人の嫌な面や間違いも、まず認めると受け入れてもらえる

「間違いと分かっていても、すぐに悪影響がない場合は、本人が主張されていることを認めてあげることが必要です。」

このテーマの考え方は、間違っているのではと読者の方は思われるのではないでしょうか。間違ったことの嫌いな方は、どうしてもこの考え方を見過ごせないのではないかなと思います。世の中、法律やルールは、守らないと処罰されたり、指導や注意を受けてしまいます。会社や学校での社内ルールや規則等も、守ることが前提になります。そのような社会規範のレベルではなく、普段付き合いの範囲のことです。

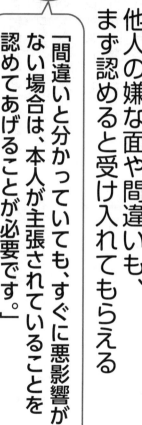

会社や学校、地域社会での付き合いの中で、相手の嫌な面を見たり、間違った考えではないかと思ったりする場面もあります。また、意見の違いが出てくる場合も多々あります。そのような場合に、面と向かい、率直に注意する方が良いのかどうか、読者の皆様も悩まれることでしょう。見て見ぬふりをするのが良いのかなどと、私も考えてしまいます。

考え方として嫌な面を見ても、直接指摘はしないことが思いやりの行動です。また、間違った考えを主張される人もおられます。しかし、明確に間違いと分かっていても、すぐに悪影響がない場合は、本人が主張されていることを認めてあげることが必要です。

このような考えに至ったのは、親と13年間同居して、認知症の母の介護をした際に、介護施設に入るまで間違いを指摘したり、嫌なクセを指摘したりしましたが、ほとんど効果はなく、母も私も疲れ果てました。

介護の専門職としての理論を学び、介護施設で多くの認知症の方々の介護をしてきて、母の介護に何と多くの無駄な時間を費やしたのだろうと猛省をしました。もし、読者の皆様も、ご自分に嫌なクセや習慣があっても、すぐには直らない経験をしておられることでしょう。また、自分の意見を主張しているときは、正しいと思い込んでいるので、他人の反対意見は、なかなか受け入れがたいものです。私も後で間違っていたと冷や汗が出たことは、度重なるほどあります。そのときは、相手の方のメンツを考え、指摘せずにちょっと時間を置いて、良いところをほめながら、自分もよく間違うなどの枕詞《まくらことば》を使い、やんわりと説明してあげてください。相手の方は、きっとあなたのことを気に入ってくれます。

10

初対面の人の長所を素早く把握し、口に出してほめると、強く印象に残る

「相手の長所をできるだけたくさんほめることは、良好な人間関係を築く上で必要なことです。」

初対面で話をする場合、どなたでもお互い緊張するものです。相手の方が、どんなタイプの人か、事前の情報がない場合、初対面の印象で話を続ける必要があります。そのためには、出身地や趣味などを会話の中で聞き出すことが自然で良いと思います。また、服装など、自分で相手を観察して、長所として把握できるものを素早く見つけることが必要です。長所はたくさん把握して、会話の流れの中で挿入していけば良い

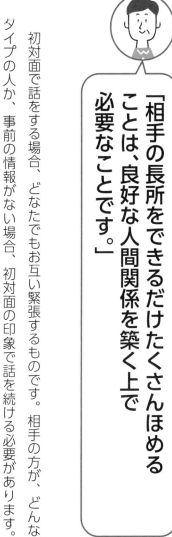

と思います。

介護施設を初めて利用される方は、基本的な個人情報が、ある程度把握されています。そのために、職員は事前に来所者を把握できます。来所されたときは、挨拶《あいさつ》をして自己紹介をした後、名前の由来などをお聞きし、ある程度の情報は事前に把握していますが、その方の出身地や趣味など、その方から直接プロフィールを聞き出します。出身地などをお聞きし、もし自分が訪問したことがあったり、その地方の情報を持っていたら、印象に残っている土地の良さやおいしい食べ物、土地の人柄など、何でも良い印象を持ったことを話してみます。

その方にとっては、自分の出身地をほめてもらっている話ですので、自分から積極的に話をしてくださいます。そこで、近くの利用者の方も話の中に入っていただき、初めて来られた利用者さんを紹介します。このような場面を作ると、比較的早く施設になじんでいただけます。その日からデイサービス等を受けられるのですから、とにかく好印象をお持ちいただき、ここで過ごしたいなと気に入っていただく必要があります。

初対面の人との良好な関係を築くことは、日常の社会生活の中でも同様ではないでしょうか。私は、サラリーマン生活の中で、若い頃は、消費者サービス部門で電話や訪問で、申し出者の方の不満を十分お聞きし、非があれば丁寧にお詫《わ》びし、不満を取り去る中で、その方の長所を口に出し、ほめました。また、40代では中央官庁や経済団体の対外折衝《せっしょう》をしていましたので、初対面の方の長所を素早く把握して、ほめることにより、好印象を持っていただけるように練習をしました。長所をほめることが、良好な人間関係を築く上では必要なことです。

〈第2章　参考文献〉

・川崎医療短期大学学長　小池将文・元川崎医療短期大学教授　内田富美江
社会福祉法人　みその総合ケアセンター（仮称）開設準備室長　森繁樹監修『実務者研修テキスト』日本医療企画、2019年
・D・カーネギー著『人を動かす』訳者　山口博　創元社、2022年
・山崎房一著『心がやすらぐ魔法のことば』PHP研究所、2019年
・山崎房一著　高柳静江協力『新版　ガミガミをやめれば子どもは伸びる』PHP研究所、2015年
・石井統市著『きっと楽になる家族介護のすすめ』財界研究所、2020年

第3章

相手の人を中心に接すると、良い人だとの印象が強まる

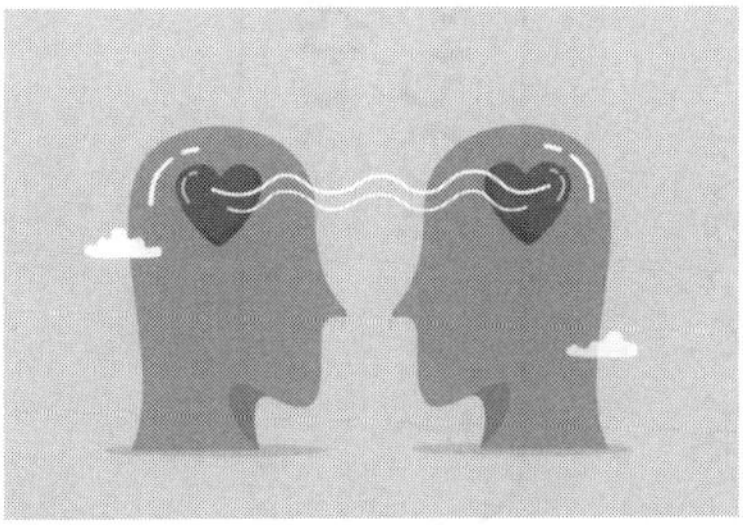

01 相手の困りごとに、さりげなく対応してあげると、心に残る

「相手の困っている表情や動作を見て、声をかけると、喜ばれる場合が多いものです。」

介護職員は、多くの利用者の皆さんと接しているために、つい忙しく動いてしまう場合があります。すると、利用者の方の何気ないサインを見過ごしてしまう場合も出てきます。利用者の皆さんは、体が不自由な方が多いので、職員は皆さんの表情を見て、先取りして対応します。

例えば、トイレに行きたいなどの欲求は、食事後は多くの方が同じように考えておられます。中には、他の方に遠慮して、ギリギリまで我慢される方もおいでです。そ

のような方には、職員がさりげなく声をおかけし、優先的にご案内します。意思表示の困難な方には、優先して声をかけたり、時間を決めて声をかけていきます。介護業界では、常にこのようにして、その方の気持ちを汲み取り、介護をします。

決して介護業界が特殊という訳でもありません。家庭に介護を受ける方がおられると、家族はその方の表情や動きに注視して介護をされることと思います。

一般社会ではいかがでしょうか。小さなお子さんのおられるお母さんやお父さんの子育てなどでは、そのような対応をされることと思います。会社などで秘書の方の対応や営業の方の相手先への気配りでも、常にこのように人の困りごとへのきめ細かな対応を普段から実施しておられるのではないでしょうか。

一般的には、相手に対する思いやりとして表現される行動です。しかしながら、介護施設の高齢者の皆さんには、その気配り・行動は介護として常時必要なのです。

日常の中で、読者の皆様も相手の方の要望や困りごとをさりげなく処理してあげる気配りをされると、相手の方との距離が縮まるのではないでしょうか。

02

持ち物や服に関心を寄せることは、相手を尊重すること

「持ち物や服が一見質素であったり、流行遅れであっても、実はその方の思い出がたくさん詰まっています。」

デイサービスやショートステイで来所される利用者の皆さんは、いろいろなものをお持ちになります。中には、こだわりのある物があり、自宅に送迎車で迎えにお伺いしたり、帰宅時に送迎車でお送りするときに、利用者の皆さんは、自分のカバンの所在や服などについてよく聞かれます。歩行器や車いすの方は、荷物などを先に車に乗せるために「私のカバン、手提《てさ》げはどこですか」とよく聞かれます。

また、お泊りになられるときなども、自分のカバンの中のものを確認されたり、探されたりします。お元気な頃は、自分で管理をされていたのですから、当然のことだと思います。本人にとっては、大切なものを持参されているのです。

探される際は、数名の方を自宅にお送りする準備の最中だったりしますが、職員は丁寧にカバンや服のある場所をお伝えしたり、また、そのものをお持ちして見てもらいます。他人にしてみたら、古いカバンであっても、ご本人にとっては思い出が詰まっていたり、使い込んで愛着のある品なのです。利用者さんの気持ちに寄り添うことが必要な仕事でもあります。

利用者さんの品物は、まず丁寧に取り扱い、大切にしておられるなら、その品をほめて差し上げます。その品が年代ものであっても構いません。すると、ご本人はその品物の由来など、にこやかに説明してくださいます。

また、男性の方も女性の方も、着て来られる服には関心が高く、新しい服を着て来られた際は、職員は「よく似合っていますね、いつ買われたのですか。季節にピッタリですね」と、そのセンスをほめて差し上げます。すると、気難しい方でも「そう」とか「ありがとう」と喜ばれて、返事をしていただきます。私も仕事の際は、汚れても良いように仕事服ですが、普段出掛けるときは、高齢のために暗い印象を与えないように、なるべく明るい服にしています。

どの年代を通じても、持ち物や着る服には、大きな関心があります。率直にほめてみてはいかがでしょう。

03 人生で強く印象に残っている話を聞き、共感する

「その方が体験され、強く印象に残っている出来事には、心から共感し、耳を傾けます。」

私の勤務している施設では、少し時間があるときは、利用者さんの横に行き、話を聞くようにします。強く印象に残った話は、家族に何回も話されていたり、なかなか言い出せずに話をしておられないこともあると思いながらお聞きします。

介護施設を利用される方は、80代から90代の方がほとんどです。お話の多くは、戦争中の話をされます。話の内容で、5年ほど前までは、男性の方の場合、ご自分が戦争に行かれた話をされる方が多いものでした。志願兵の方、予科練《よかれん》の方、特攻隊の方、

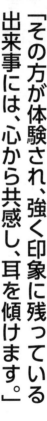

それぞれが自分の生死をかけた体験をお話されました。九死に一生を得た話も多くありました。長い人生の中で、青春時代に忘れようにも忘れることのできない体験をされたのです。また、女性の方は、戦火の中を逃げ惑われたり、怖い思いをされた話を聞きました。

現在利用されておられる方は、戦争中の年齢は低くなりますが、幼いながらも怖い体験をしたり、食べ物がなく、ひもじい思いをした話をしていただきます。皆様の記憶には、戦争中の話が強烈に焼き付いています。戦争を知らない世代の私は、真剣にお聞きします。人生の中で二度と体験することのないようなお話をされますと、たとえ私が戦争体験をしていなくても話をお聞きすることにより、その方の心の緊張が解けたり、自分のめったに話さない話を聞いてくれたものには、親近感を持たれるのか、親しく接していただきます。

よほど親しくしないと、普通はそのような話は他人にはできないものです。介護をさせていただくことにより、利用者さんは心を開いておられるのです。介護の仕事は、お互いの信頼関係が大切だと感じています。それには、介護職員が優しく温かい気持ちで、丁寧な介護を心掛けることが必要だと思っています。

一般社会でも知り合いになり、関係ができつつあるときに、相手の大変だった頃の話を聞いて、自分の体験に重ね合わせることで、共感を持つことは関係を深める上で、大切なことだと思います。

お互いの距離を縮めるためには、相手の大変なときの体験を聞くことが非常に有効な手段です。

04

成功談を熱心に聞くと、相手が受け入れてくれる

「人生数少ない成功談を話されるのは、自分を認めて欲しいからです。何度でも熱心に聞きます。」

人は自分の成功談を話すことは、気分の良いものです。介護施設に来られる高齢者の皆様は、成功談の1つや2つは、どなたも持っておられます。長い人生を歩いて来られると、謙虚さが強く出て、成功談といった自慢話をされない方もおられます。そのような方には、ご機嫌の良いときに、話を伺うのも良いものです。また、話を伺っていると、自然にそのような話になる場合もあります。話が成功談になるときには、

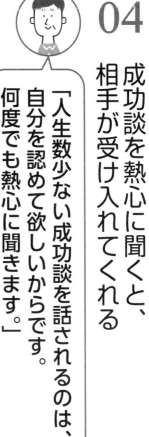

相手に何度も質問をして話をしやすいように聞き出すことが大切です。

目上の方の場合、自分の成功談を教育の一環として話される場合もあるでしょう。自分の成功談は、話をされる本人も興奮されたり、心が高揚するものです。話を伺っているときに、自分が共感する場面では、大いに同感して相槌《あいづち》を打ったり、ほめて差し上げると、大いに喜ばれ、自分の成功談に、さらに自信を持たれます。人間は、人に認めてもらいたいものです。人はそのような体験を積み重ねることにより、人生の荒波を乗り越えていける自信につながります。

私は、ある比較的若くして体が不自由になられた方の話を何十回となくお聞きしています。介護の度に成功体験を話されます。毎回、私は驚きながら相槌を打ち、「すごい成功をされましたね」とお応えします。すると、非常に喜ばれます。「もっと早くから話を聞いておけば良かったです。ちょっと遅いですが、私も同じようにしてみます」と返事をします。すると、喜ばれて「大したことはないよ」と返事が返ってきます。この利用者さんは、気難しい方の一人です。少し気に入らないと怒られます。

しかし、私には非常に優しく接していただきます。

成功談を聞く姿勢は大切です。自分のためになり、良い話を聞けてうれしいですと、言葉と態度で表現します。成功談を話されることにより、気分良く介護施設を利用いただいています。

一般社会の中でも同じようなシーンは、いくらでもあることでしょう。相手の成功談を積極的に聞いて、親しい関係を構築してください。

05

名前のいわれや思いを聞くことは、相手と親しくなる第一歩

「名付け親の方や、その由来を聞くと、皆さん誠実に話をされます。」

どなたでも自分の名前には、愛着やそれなりの誇りを持っておられるのではと思います。私のように70代になっても、初めて聞くような苗字や名前に出会います。介護施設を初めて利用される方が来所されて、少し落ち着かれたら、その方のところに伺い、名前の由来などを何回かに分けてお聞きします。

私は高齢者の仲間入りをして、もう10年も経つのに、これまで聞いたことのない名前の方にお会いすると、知らない名前の方がいまだに多くおられるのだなと妙に感心

して、どこの地域の方か、あるいは名前の由来に非常に興味を持ちます。そこで、名前についてのいわれを伺い、その方に関心を持つと共に名前を覚えます。

非常に珍しい名字の場合は、お聞きすると、その利用者さんの郷里、もしくはご両親の郷里では、同じ苗字の方が大勢おられるなど話をしていただきます。年をとっても知らないことはたくさんあるのだなと感心してしまいます。お聞きしている利用者さんに「〇〇さんという苗字の方には、今日初めてお会いしました、〇〇さんの郷里には、まだ行ったことがありません。どんなところですか」と率直にお話すると、ご本人はかえって驚かれます。そして、名前に関する話をいろいろしてくださいます。学者のような名前の方に話を伺うと、「父親が教師だったのですよ」との返事に「なるほどな」と感心します。

初対面では、相手の名前に関心を持ち、聞くことが親しくなる第一歩だとの話をよく耳にします。私も若い頃から、仕事柄、相手の方によく名前の由来をお聞きすることがありました。名前を糸口に、その方の出身地や地域の特徴、趣味などを聞いて、その方に私の印象が強く残るようにしていました。

年齢と共に記憶力は低下しましたが、若い頃に相手の名前から他の情報も含め、接触する人のプロフィールを覚えたことを思い出しました。そこで、介護施設の勤務になると、利用者の皆さんの名前やプロフィールを覚えて、その方の名前を何度も会話に入れて、話をするようにしたところ、喜ばれ、すぐに初対面の垣根が低くなりました。

06

生まれ育った郷里の話を聞き、その人の純粋な人柄に触れる

「人は子供時代の純粋な気持ちや思い出を大切にしています。話を聞かせてもらうと、その方の優しい心に触れることができます。」

介護施設を利用される利用者さんには、郷里の話をよくお聞きします。高齢になり、昔の話を思い出されることは、記憶維持の訓練、いわゆる回想法としても有効です。
また、職員にとっても、その方のプロフィールが分かり、話題づくりのためには欠かせません。利用者の方にとり、高齢になるほど、郷里のことが懐かしくなるのは、高齢者の一人としての私も良く理解できます。

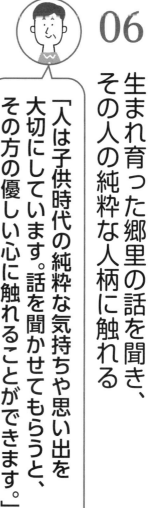

春から秋にかけての天気の良い日には、車で6~7人ほどの方をドライブに誘います。車を走らせて、花や景色を見物してもらいます。お茶の時間には、車を景色の良いところに止めて、飲み物やお菓子を食べていただきます。帰路《きろ》に就くときに歌詞の本を出し、主に唱歌を歌っていただきます。最後に『ふるさと』を歌っていただくのです。すると、目を閉じておられた方も、大きな声で、一緒に懐かしい歌を歌っていただけます。

ご自分の小さい頃や子供時代の様々なシーンを思い浮かべながら歌っておられるのだなと、私も歌いながら思います。車の中が一つになります。そのシーンを思い浮かべると、皆さんは郷里の子供時代の思い出を大切にしておられることが良く理解できます。優しい心あふれる歌声を聞く度に、私は普段の話の中に郷里のことを質問して、いろいろな思い出を聞くことにしています。

利用者の方の子供時代は、戦争中であり、楽しい思い出より、苦しく悲しい思い出が多いのですが、でも皆さんは不自由な時代のことを楽しそうに話をされます。子供の頃の悲しみやつらさは、時が解決して懐かしく思い出されているのだろうと感じます。どなたにとっても、子供時代の思い出は、懐かしく甘酸っぱく思い出される記憶の一コマではないでしょうか。

この思いは、一般社会の中で交流される際も、同様のことだと感じています。相手の方の子供時代、学校時代の話を話題にされ、話を聞かせていただき、相手の優しい心を引き出すことは、関係の強化を図る上で必要な要素です。

07

1日1回、身近な人をほめ、信頼関係を強化する

「幼時から高齢者まで、知人や会社の上司、同僚、部下の方まで自分の身近にいる人をほめると、互いの距離が縮まります。」

勤務する介護施設を利用される方は、1日に十数名です。利用者さんは、ショートステイでお泊りの方に、デイサービスで来所される方です。職員は、皆さんによく声をかけます。介護での声掛けはもちろん、その方の話をお聞きしたり、良いところをほめます。私も入社時は、職員が利用者さんとのちょっとしたところもよく見て、ほめて差し上げるのを見習いました。

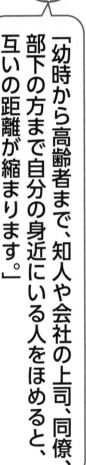

来所される方が少ない日で、職員の人数が充足している場合は、利用者さんの話が聞ける貴重な時間です。そのようなときは、いろいろな質問をして、話をたくさんしていただきます。利用者さんの多いときは、話をお聞きする時間が限られますので、介護の際や、ちょっとした空き時間に、その方の服装や話の内容や考え方、レクリエーションの際の体操や折り紙、塗り絵など良いところをほめて差し上げます。すると、皆さん案外照れずに「そう、ありがとう、うれしいな」などと、喜んでいただけます。この言葉で少しでも体調の悪さや自分一人で動けないことの残念さなどのひと時を忘れていただけたら良いなと思い、積極的に実行しています。

80代、90代の皆さんは、子供の頃、厳しいしつけや教育を受けて来られた世代なので、あまりはっきりとほめられるのには抵抗があると思い込んでいました。そこで理解したのは、幼児から高齢者まで、自分の良さをほめられると、どの年代もうれしさに差はないことでした。その中で、勤務時間中に、どなたにもある良いところをできるだけすべての方を対象に、ほめています。もちろん、私だけでなく、他の職員もほめますので、1人の方に3回も4回もほめ言葉をお掛けします。

利用者さんが、そのことにより少しでも不安や苦痛を軽減していただき、明るい生活を心掛けていただければ良いなと思います。また、自宅に閉じこもらないで、介護施設で食事に、運動に多くの方と接してもらい、少しでもお元気にお過ごししていただきたいものです。

ほめる行為は、人生を豊かに過ごしていただく手段であり、互いの距離を縮める有効な手段ではないでしょうか。

08

話をする人を主役にして熱心に聞くと感謝される

「人は誰でも自分の話を聞いて欲しいものです。話をする人を主役に、熱心に聞きます。」

介護を主にしていると、介護や他の業務に時間を取られ、利用者さんとの間で個人的な会話が足りないことがよくあります。そこで私は、介護でトイレにお誘いするときや歯磨きの介助、レクリエーション、リハビリのときなどに話をお聞きしたり、話の内容に同意してほめるようにしています。たとえ短い時間であっても、その方の良い面を見たり、お聞きしたりした場合には、すぐにオウム返しに、その方の言葉を繰り返し、「すごいですね、感心しました。そこまではできませんね」などの私の意見をお伝えします。

例えば、リハビリの自転車こぎ運動の際には、参加される方の前向きな姿勢をできるだけほめます。無理をされない運動量で、毎日少しずつ継続して運動していただくように助言をしますが、小さな改善が見られると、オーバーにほめます。体がきつい中での自主的なリハビリですので、継続していただけるようにほめます。

個人で塗り絵をされたり、折り紙をされたりしたものなど、良くできた作品なども職員がおほめして、お持ち帰りいただきます。多くの利用者さんの介護を担当しますと、1人の方との話の時間はどうしても限られてきます。その短い会話の時間の中で、その方が喜ばれ、少しでも心に残るような言葉かけを心掛けます。その方に会話の主役になっていただきたいのです。

介護職員は、できるだけ利用者さんに話を伺い、お話になりたいことを丁寧にお聞きすることが大切な業務になります。その方のことを少しでも知る姿勢を持ち、理解して、適切で丁寧な介護に結び付けることが、介護職員がその方に寄り添う介護につながるのではと思います。

社会生活の中で介護職員のような気配りをして、話し相手を主役にして、話を伺うことは、あなたと話をされた方に、あなたのことを良い人だなと好意を持っていただけることになるのではないでしょうか。

09 失敗を悔やむ人に安心感を与え、不安を取り去る

「人は失敗すると、自信喪失し、いつまでも悔やむものです。一緒に解決策を探し、安心感を与える人は大切な人になります。」

高齢者施設では、よく失敗をされる方を見受けます。私たちも日常生活の中で、よく失敗をしますが、利用者さんは、また違う感覚をお持ちです。意識がある程度正常な方や認知症初期の方は、その失敗を自覚されており、「頭がまとまらないの。私は（俺は）頭がバカになったのかな。すぐ忘れるの。あら、そんなことをしたの恥ずかしいわ」などと気持ちを表現されます。

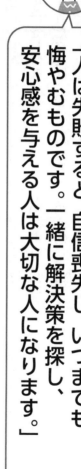

高齢者は心身ともに衰えていきますので、若い世代より失敗の数が多いのは、ごく自然なことです。そのようなことが続くと、段々自信をなくしていかれます。そこで、失敗を気にされないように、どのように声を掛けるのか、非常に気を遣うところです。高齢者の皆様は、自分の人生を生き抜いて来られていますので、プライドをお持ちです。このプライドを大切に守り、できれば気分を切り替えていただく言葉の掛け方などを工夫します。

職員は、自分の失敗などを話し、このようにされたら、次はうまくいきますよなどの声掛けをします。特にトイレなどでの失敗は心に残り、長く悔やまれます。下着に失禁されたなどは、若い方々にも、その心配が理解いただけることと思います。そこでは、自分の身近な失敗をお話すれば、気が休まる方と気の休まらない方に分かれます。トイレで失禁された方に「高齢になると、そのようなものですよ。次回は声を掛けてください。どうぞ気にされないでください」では、当事者にとり、解決策にはなりませんので、気分は落ち着きません。

介護の専門職としては、明確な解決策を探します。下剤を飲んだので、トイレに間に合わなかった、または我慢されていたので間に合わなかつたなどの原因をお聞きします。そこで「前もって声を掛けますよ」などの提案をしたり、下剤を飲まれるのか否かなどの希望をお聞きします。そして安心していただきます。他の皆様もいろいろとお困りですと、さりげなく付け加えることによりホッとされます。

人は失敗すると、自信喪失します。安心してもらう助言が何より大切です。

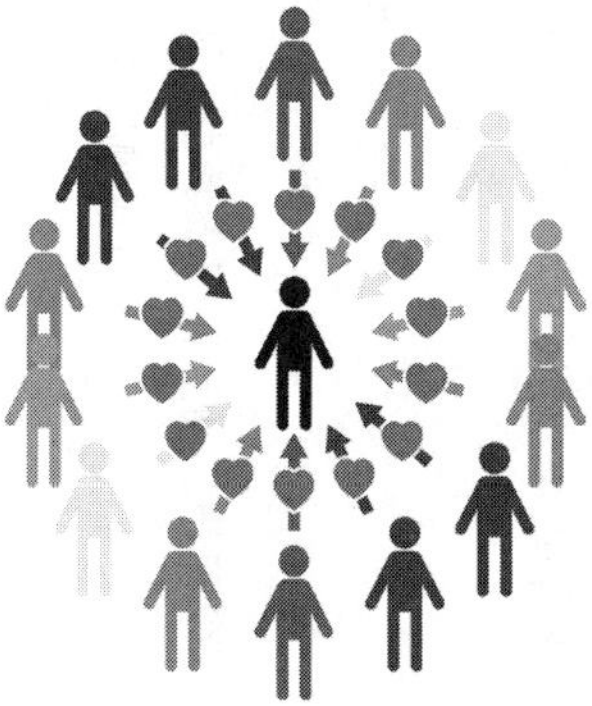

（第3章　参考文献）

・川崎医療短期大学学長　小池将文・元川崎医療短期大学教授　内田富美江
社会福祉法人　みその総合ケアセンター（仮称）開設準備室長　森繁樹監修『実務者研修テキスト』日本医療企画、２０１９年
・D・カーネギー著『人を動かす』訳者　山口博　創元社、２０２２年
・山崎房一著『心がやすらぐ魔法のことば』ＰＨＰ研究所、２０１９年
・山崎房一著　高柳静江協力『新版　ガミガミをやめれば子どもは伸びる』ＰＨＰ研究所、２０１５年

第4章

正しい心の持ち方を知ると、人生が思う方向に行くようになる

感謝

01 正しい心の持ち方で、人生をより良く生きる

「自分が持っている正しい心の使い方を日々実行すると、思いがかなっていきます。」

正しい心とは、簡単なようでありながら、定義しにくいものです。私は長年「正心《せいしん》調息《ちょうそく》法」という呼吸法を実践しています。その呼吸法の最初の教えの言葉が正心です。「正心調息法」の創始者は、105歳（2008年逝去）で天寿を全《まっと》うされた医者の塩谷信男先生（東京大学医学部卒業）です。塩谷先生の呼吸法を実践するには、正しい心遣いが必要になります。その心遣いとして「物事をすべて前向きに考える。感謝の心を忘れない。愚痴をこぼさない」を挙げておられます。私も呼吸法とともに日々

実践していますが、反省の多い毎日です。

介護施設に勤務するようになり、これまでの人生より現在の方が、この正しい心の使い方をできるだけ守るようになりました。理由は、利用者の皆さんが、病気で体調がすぐれずにお困りの方がほとんどですので、少なくとも私が正しい心を心掛ければ、介護してもお役に立てるのではないかと考えました。少しなりともお役に立っていることで、今も勤務できているのだと感謝しています。

塩谷先生が、著書『自在力』（サンマーク出版）の中で説明しておられることを紹介してみます。

まず「物事をすべて前向きに考える」とは、ポジティブシンキングの重要性については、近頃盛んに言われていますとの記述があり、また、物事を良い方向へ考える効果は、体の免疫力を高めるなど、体の健康にまで及んでいることが分かってきています。例えば、病気をした場合、仕事ができなくなったり、金銭的な負担が発生したりというマイナス部分は出てきます。しかし、物事には必ず二面性があって、病気をしたことで人の心のやさしさに気づいたり、他人の親切のありがたさが本当に理解できたりするプラス面もある、と述べておられます。

利用者さんに、病気をしたことでマイナス面だけではなく、プラス面もあることを、介護を通して理解していただければ幸いと思って介護に従事しています。利用者さんの中には、ポジティブシンキングを実践しておられる方がおられます。そして、明るい気持ちになってよく笑われます。

次に「感謝の心を忘れない」とは、塩谷先生は次のようにも述べておられます。ありがたいという気持ちをいつも抱いていることです。前にも書きましたが、心というのは波動であり、こちらが発している波長に見合った出来事が人間には起こります。良い波長を出している人には良いことが起こるのです。したがって、いつも感謝の念を心に持っていると、感謝せざるを得ないことが次々と生起《せいき》してきます。

さらに、私たちは決して自分の力だけで生きているのではありません。家族や周囲の人の助けや好意、そして目には見えない宇宙の無限力の営みと叡智《えいち》――それらによって私たちは「生かされている」のです。したがって、他に何もなくても、私たちの生が維持されている、そのこと自体に感謝する必要があります、と記しておられます。

塩谷先生は最後に「愚痴をこぼさない」について次のように述べておられます。これは「感謝の心を忘れない」とは反対で、愚痴をこぼせば、そこにまつわる否定的な感情や負性《ふせい》の心のありようが波動となって発せられ、結局、次の愚痴をこぼしたくなるような事態を招いてしまうことになる。愚痴を避ける、愚痴を抑える心掛けを日常の中で行うことが肝心です、と述べておられます。

02

物事をすべて前向きに考えることで、人生は好転する

「いろいろなことがある日常、明るく前向きに考え、行動することで、よい方向転換ができます。」

物事をすべて前向きに考えることは、至って難しいと感じています。前述の塩谷先生は、実践者として90歳を過ぎた頃から、著書を出され、本の中でその効用を説明しおられます。

私たちは、日々の出来事の中でも失敗をしたり、思うように事が運ばなかったり、他人から心無い言葉をかけられて悩んだりの連続です。そのような中で、物事をすべて前向きに考えて生きるのは自信がないなと思われる読者の皆さんも大勢おられるこ

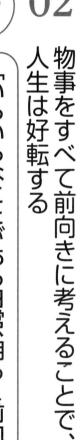

とでしょう。このような悩みの解決方法は多くの本で紹介されており、よくご存知だと思います。私の場合は、これが良く身に付かないで、堂々巡りをするタイプでした。

これまでは母一人の介護しか経験がなかったのですが、介護施設で勤務するようになり、多くの利用者の皆さんの介護を担当することになりました。利用者の皆さんは、一人ひとり症状が違います。体の悪い箇所も痛みもそれぞれですが、我慢できる痛みをこらえ、自分の症状を明るく話されて、あまり気にされないような方々も見受けます。そのような方々は、山あり谷ありの長い人生を歩いてこられましたが、物事を前向きに捉え、人生を過ごしてこられたのではないでしょうか。

しかしながら、日頃、前向きに生きてこられても、病魔にはかないません。考えてもいなかった体の不調を経験されます。つい先日まで元気に日常生活を送っていたのが、突然、他人の手を借りないと動くことさえもできなくなることが往々にしてあります。青天《せいてん》の霹靂《へきれき》と申しますか、自分の境遇《きょうぐう》をなかなか認められません。

しかし、これまで前向きに生きてこられた方は、不遇な自分の境遇を悩み、悲しむよりは、明るく前向きに生きることに早く方向転換されているのでしょう。そのような姿を見て、自分もマイナスな考えを抱かないように日々見習っています。

03

感謝の心を忘れず、ささいなことでも口に出し、お礼を伝える

「感謝の心でお礼の言葉を口に出すと、相手への感謝の念が湧きます。」

介護施設で利用者の皆さんから、職員は良くお礼を言われます。職員は利用者さんが自分ではできない日常生活動作（ＡＤＬ）の介助をさせていただきます。すると、「ありがとう」「ありがとうございます」「どうも」「すみませんね」「勘弁してね」などと、お礼を言われます。このように、良くお礼の言葉をいただく職場は少ないのではないでしょうか。もちろん、私どもは仕事で専門に介護をしていますが、お礼を言われると、「いいんですよ」「はい、どういたしまして」と返事をします。

介護をしている職員も3Kと言われる職場ながら、お礼の言葉をいただくと、励みになります。利用者さんの多くは戦中派の方です。子供の頃は、厳しいしつけを受けられ、その後の長い年月を様々な体験をされながら生きてこられた方々です。人に感謝の言葉をかけるのは、心得ておられます。

では、私たちは日常生活の中ではどうでしょうか。私もよく他人の親切に対して、お礼の言葉を忘れてしまうことがあります。あるいは、この程度ではお礼を言うのはいいかなどと、自分の判断で省略をしてしまうのです。それで、この年になっても恥ずかしい思いをしています。

ところが、自分で他人にしてあげた小さな親切はよく覚えています。相手の方がお礼を言わない場合もよくあるものです。相手の人が自分の親切に気づいていないのかなどと考え、気になるものです。あるいは、人の親切にお礼の一言も言わない人なのだなと良く思わないこともあります。

例えば、利用者さんが便や尿を失禁された場合に、丁寧に処理をして差し上げるのですが、ある程度しっかりされた方は、何度もお礼を申されます。かえってこちらが恐縮するくらいにです。丁寧にしてあげて良かったなと思います。さらに、その方への評価は、人間の良くできた方だなと感心してしまうのです。

人の親切には、すぐにお礼をはっきりと口に出して言うのが、すっきりします。たとえ遅くなってもお礼を言います。相手の方が、あまり反応されなくても内心喜んでおられると思います。

04 より良く生きるために愚痴をこぼさない

「物事をすべて前向きに考え、感謝の心を忘れない生き方をすれば、愚痴は減るものです。」

利用者さんの中には、愚痴を言い始めると、なかなか止まらなくなる方もおられます。私などもつい愚痴を言うと、愚痴が連鎖して口を突《つ》いて出てくるようになってしまいます。自分でも、くどくなっているなと感じます。また、中には愚痴などしゃべられるのを聞いたことのない方もおられます。これは個人の性格の問題もあるので、一概に良い悪いと言うこともできません。

しかし、愚痴を言い始めると、なかなか収まらなくなります。前にも紹介しましたが、私は長年「正心調息法《せいしんちょうそく》」という呼吸法を実践しています。創始者の塩谷先生は、正しい心の使い方として「物事をすべて前向きに考える。感謝の心を忘れない。愚痴をこぼさない」を挙げておられます。この考えは全てプラス思考です。私も実践していますが、毎日反省ばかりしています。

愚痴をほとんど聞いたことのない利用者さんは、明るく、よく笑う方が多いのです。その方の生き方が大きく影響しています。80歳〜90歳代まで生き抜いてこられた皆様ですので、他人に言えないようなつらい思いを幾度となく経験してこられていると思います。風雪《ふうせつ》に耐えて長い人生を歩いてこられた皆様は、物事を悪い方に考えず、愚痴をできるだけ言わずに人生を過ごしてこられたのではないでしょうか。

愚痴を言うことが、自分のプラスにはならないことを何度も経験されて、できるだけ愚痴を言わない代わりに、心の晴れる方法を会得《えとく》されていると思うのです。

その一つが、明るい笑顔で良く笑われることではないでしょうか。確かに笑顔の時や笑いながら愚痴は言えないなと思います。そして、介護を受けられると、良くお礼を言われる方が多いのです。

自分が苦しんだり、つらい目にあっても、その対処方法を良く知っておられ、精神的なダメージを少なくしようと努めておられるように見受けます。その方々の姿勢を見て、私も私生活で愚痴をこぼさないように努めています。

05 丁寧な言葉で接すると、相手も丁寧に応える

「丁寧な言葉遣いは、相手への尊敬の気持ちの表れであり、自分にも尊敬して話をしてもらえる対象となります。」

言葉は、話の中では大きな役割を担っています。言葉によって、救われたり、傷つけられたり、読者の皆様も多くの経験を持っておられることと思います。言葉には、言霊《ことだま》がこもっていると言われます。本であっても、直接の言葉であっても、読んだり、聞いたりしている人の人生を変えてしまうほどの力がこもっています。

できることなら、自分の人生に良い影響を与えてくれる言葉を望んでおられること

でしょう。相手の方からは丁寧に話をしてもらう方が気分も良いものです。介護施設で介護をさせていただく利用者さんは、ほとんどが私より年上の方々です。尊敬の念を持ち、ため口で接するのは論外で、丁寧な言葉遣いを常に心掛けています。すると、利用者さん方からも、丁寧な言葉で話や返事をしていただきます。

毎日、デイサービス等に来所される方が多いので、丁寧語はちょっと堅苦しいのではないかと思われる方もおられると思いますが、「親しき仲にも礼儀あり」の考えで、利用者さんが友達言葉を使われても、私は人生の先輩として、その方を尊敬して接しておりますので、丁寧な言葉で応対します。丁寧語を使用したからと、これまで注意されたことはありませんし、中にはいつもほめてくださる方がおられます。その方は、何事も熱心にされる方です。よく私の行動や、ちょっとした考えなどもほめていただきます。

家庭では、家族の方々も働いておられる方が多く、ウィークデーは会話も少なく、忙しいようです。そのような日常の中で、ゆっくり丁寧な言葉で話をすると喜ばれます。高齢者の皆さんは豊富な体験をされた方々ですので、私の知らないことや、いい加減な知識の事柄など、事例を入れて説明をしていただいたりして、楽しく会話が弾みます。

きっと、利用者さんたちは、自分たち年上の者に丁寧な言葉を使っているのだと理解され、年下の職員を気遣い、優しい言葉をかけてくださるのだなと感じています。

06 人はプライドが高い。どんなときでもプライドを傷つけない

「プライドを傷つけない最も良い方法は、まず相手の考えを受け入れることです。」

人は、小さな子供から高齢者までプライドを持って生きています。人間にとって無形のものですが、傷つけられると、修復できないような亀裂を生じたりします。プライドは傷つけないことが非常に大切です。

この言葉は高齢者の皆様の介護をする上では、特に大切なテーマです。介護の教科書にも記述されています。まず、高齢者の皆様が様々な人生を生きてこられ、何を大切にされてきたのか把握する必要があります。例えば、その方が嘘をつかない人生を

送ってこられた方なら、考え方の基準が「正直」ですので、何を話されるにも、正直で誠実な話しぶりになります。しかし、介護施設では、本人は正直に話しておられるつもりでも、間違ったことを話されている場合もあります。

特に顕著なのが、認知症の方が話をされることです。認知症の症状で、よく例として挙げられるのが、つい先ほど夕食を食べられたのに「まだ夕ご飯を食べていない」とまじめな顔をして話されることなどです。ここで、家族が、また施設では職員が「いま食べましたよ」と言っても、自分が食べた記憶がないのですから、本人は自分が嘘をついていると思われたと、さらに強く「食べていない」ことを主張されます。認知症の方への介護の仕方を知らないと、お互いの主張が対立し、延々と言い争いが続くことになります。母と私の場合がそうでした。母を正すのに、非常に疲れたのを思い出します。

高齢でも考えがしっかりした方の場合、自分が信念を持っておられる考えなどを否定されたり、間違いではないかと指摘をされると、自分のプライドを守るために、強く自己主張をされたり、怒りに発展したりします。

プライドを傷つけない最も良い方法は、まず相手の考えを受け入れることです。その考えに疑問がある場合でも、本人や他人に害がない場合は、受け入れています。また、認知症の方の場合は、話を受け入れ、例えば「今からご飯を作りますね」などと話をして安心納得していただきます。そのうちに、話をしたことさえ忘れてしまわれます（拙著『きっと楽になる家族介護のすすめ』参照）。

日常生活の中でも、相手のプライドは傷つけないように、特に注意を払いたいものです。

07 素直な心ですぐに謝ると、相手も寛容《かんよう》になる

「自分に非があれば、すぐ素直に謝るのがトラブルにならない方法です。しかし、相手の非は責めないことです。」

小さな子供でも高齢者でも、どの世代にも共通して「すぐに謝る」ことは、非常に難しい行為です。他人から誤りを指摘されたり、怒られたりすると、身体全体でNOという拒絶反応が起こります。人間は、自分の発言や行動を頭ごなしに批判されると、なかなか素直な気持ちになれず、明らかに指摘された通りに間違っていても謝れないものです。

私は、若い頃、会社で人生修行をさせてもらいました。大学を卒業して入社した会

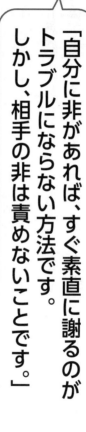

社では1年後、会社の「お客様相談室」に配属されました。全国に営業所がありましたので、その頃は、朝から受付終了時間まで、電話でお客様のクレームをお聞きし、よくお詫びをしました。明らかに会社側に非のあることも多く、怒り心頭《しんとう》のお客様に素直な心で、1時間でも2時間でも、よくお詫びしました。お客様の怒りが収まった頃に、営業所から直接お詫びに行ってもらいました。

私が申し出を疑わずに、素直にクレームの話をお聞きし、当方に非があれば、すぐにお詫びの言葉を申し上げないと、お客様は電話口で疑われているのではないかと、さらに怒りを増幅《ぞうふく》されるのでした。

いま、介護施設に勤務して20代半ばに身につけた姿勢が役立っています。利用者さんは、身体が悪く、自ら日常動作ができない方が多くおられます。呼ばれても、他の方の介護で忙しく、その職員がすぐにお伺いできないときもあります。すると、手の空いた職員が代わりに介護に伺います。

待ちきれずに「遅いじゃないか」などと指摘をいただく場合があります。介護に向かった職員が「遅くなり、ごめんなさい」とすぐにお詫びします。介護学校でも、たとえ他の職員のミスでも、いま介護をしている職員がお詫びすれば良いと教えてもらいました。私は、このお詫びの言葉が、すぐに口をついて出てきます。ちょっと厳しい男性の利用者さんたちにも、よくお詫びするので可愛がっていただきます。

素直な心ですぐに謝り、問題を長引かせないことが肝要《かんよう》です。私は、大学入学時に、従兄よりデール・カーネギー著『人を動かす』をプレゼントされました。その中にも「誤りを認める」と書いてあり、長く私の座右の書でした。

08 常に真心で接すると、相手も真心で返してくれる

「真心を通すことは、相手に必ず通じていくものです。」

社会で生活をするのに、真心で人と接するのは当然ではないかと思われることでしょう。子供の頃から、そのようなお付き合いを心掛けてこられた人が多いと思います。ところが、学校に通ったり、就職して勤めるようになると、さらに人生で多くの経験を積むようになります。その中では競争があるので、どうしても素直さや真心が引っ込むことが増えてきます。

勤務する介護施設では、利用者さんに何か買ってもらうとか、成績を上げるために

不必要で過剰なサービスをするなどの利害関係は生じません。まずは利用者さんが、来所されることにより、毎日の生活を少しでも充実され、満足していただくことが、介護職員の目標になります。強《し》いて言えば、介護施設で提供するサービスや食事を常に向上させることにより、施設や職員を気に入ってくださり、いつまでも来所してくだされば、これに勝るものはありません。

介護施設では、このように「真心で接する」ことが、基本になります。長い人生の中で、いろいろ悔しい思いをされてこられた高齢者の皆様が、多少は他の利用者さんのことも気遣いながら、心を許し、生活をされる場所が介護施設です。一人暮らしや高齢の夫婦二人暮らしの利用者さんもおられます。近年、世間では高齢者をターゲットにした「オレオレ詐欺」などの詐欺事件や窃盗事件が後を絶ちません。施設では、ある程度、規則正しい生活習慣を守っていただくなどの制約はありますが、安心した生活を専門職の介護で送っていただいております。

人生の最終章で、不安なく生活を送っていただくことは、長い人生を乗り越えてこられた高齢者の皆様へのささやかな人生のプレゼントではないでしょうか。

　社会で真心を押し通すと、不都合が生じるのではと考えられ、利益を優先したり、組織の考えを優先させたりして、社会生活を送っておられる方も多いことでしょう。しかし、真心を通すことは、相手に通じていくものです。

09

時に「無私の心」を発揮すると、心が晴れる

「純粋な心で接するような場面があれば、少し無私の心を発揮してみてください。」

天にあるのではと思うほど、誠にハードルの高いところにある「無私の心」です。

なぜこのテーマを掲げたのかと言いますと、ただ憧れはあるものの、私のような凡人には、神様や仏様の世界のような存在でもありました。

小さい頃から、父の買ってきた郷土の偉人、西郷隆盛さんの漫画や物語、伝記を読んできた私には、西郷さんが無私の心を実行されたことに感動したものの、遠い存在で、現実には考えられませんでした。ところが、介護の世界に入ってみると、近所でお困りの利用者さんが毎日デイサービスで来所されるのです。皆様のために、損得抜きで介護をさせていただく毎日を送っていると、段々心は純粋になってきているのではと思えるようになってきました。

毎日、来所される利用者さんは、80代から90代の皆様が多く、人生後半の舞台に立っておられるのです。天や神に近い存在でもあると思っています。その皆様の介護のお世話をさせていただく私たちは、きれいな無私の心で接することが必要だと思いました。

介護学校を修了して、介護の世界に入った当初は、若い職員の皆さんが便を失禁された状態の利用者さんを介護している現場を何度も見せてもらい、実習しました。若い男女の職員が、下着から衣服まで、汚れた利用者さんに優しく声をかけて、利用者さんの面目がつぶれないように、また、恥ずかしがられないように、淡々《たんたん》と処理をするのでした。終わると、何事も無かったかのように「きれいになりましたよ。お疲れ様です」と言って終わるのです。これまでそのような場面を見たこともなかった私は、自然と涙がこぼれ、尊いものを見たように感動しました。

これは若い職員ばかりに負担をかけてはいけない、私ができる限り率先しようと思いました。今では丁寧で早い処理ができるようになりました。30代の頃、マザー・テレサさんにも感動した「無私の心」のほんの一端があるのかなと思います。

読者の皆様も、人生の中で、時にそのような場面があるのではないでしょうか。どうぞ、そのような心を発揮してみてください。

10 出会いの不思議さに感謝する人になる

「自分に縁のある方と出会い、お付き合いをしている日々を大切にしたいものです。」

介護施設では、7年間、多くの利用者さんとの出会いがありました。私の母は、最期は介護老人保健施設に入所させてもらい、2年ほど手厚い介護を受けました。見舞いに行く父や私たち夫婦は、介護をしていただく職員の方々に、非常に感謝したものです。その恩返しに、68歳で介護職員になり、今日まできました。

なぜ、母はこのような丁寧な介護を受けることができたのか、本当にありがたく、幸運だったのかなと思ったりしたものです。私が人生の生き方で、長年助言を頂戴している地元の夢工房だいあんの光田相談役は「めぐりあいの不思議に手を合わせよう」と著名な仏教詩人と言われた坂村真民先生の詩を会社の標語にしておられます。

介護の世界に入ったのは、母やその後の父の介護をしていただいた介護職員の方々への感謝の念でした。光田相談役によくお会いするようになり、会社に行くと、先程の標語を目にします。自宅の近くの介護施設に職員としてお世話になり、多くの近在の高齢者の皆様の介護をさせていただくようになりました。利用者さんは、人生の最終章を自宅近くにある介護施設で過ごしておられます。その介護を担う私は、不思議なめぐりあいのお陰で皆様とお会いできているのだろうと考えました。もし、輪廻転《りんねてん》生《せい》があるなら、遠い昔か、近い昔にお会いして親しくお付き合いをしていたのかもしれないと思うときもあります。

日本の中のこの狭い地域で、これまで100人程の皆様と出会い、介護をさせていただきました。これは不思議なご縁ではないかと思い、相手の方を思いやり、できるだけ丁寧な介護をするように心掛けてきました。しかし、十分な介護とはいかない場合もあり、日々反省を重ねています。

高齢になり、若い頃よりは、心の問題を考えるようになりました。利用者の皆さんが歩かれる道を、いずれは私も近い将来歩くのだと思うと、お会いした御縁を大切にして、日々少しでもお元気にお過ごしいただきたいと思うのです。

職員は若くても、このような心を持ち合わせており、その姿をまぶしく思います。

11 ゴミを拾い、庭の草を抜くと、心が落ち着く

「周りをきれいにすることは、そこにいる人の心が安定する行為です。」

小規模の介護施設に勤務していますが、多い日は18人ほどの方が利用されます。どうしても人が多いと、ほこりやゴミが落ちてしまいます。毎朝、職員が清掃をしていますが、食事の後などには、食べ物のかけらが落ちていたりします。

利用者の皆さんは、自分で落としたものは拾おうと動かれますが、体が不自由な方が多いので、職員がすぐに近寄り、取って差し上げます。転倒防止や机の角などに体をぶつけて、けがをされるのを防ぐためです。そのために、職員は落ちているものが

あれば、すぐに拾う癖《くせ》がついています。私も出勤すると、ゴミを拾ったり、トイレのゴミ箱のゴミを捨てます。また、利用者の皆さんの足元のゴミを拾ったりもします。すると、利用者さんの足元の場合には、必ず「ありがとう」と声がかかります。

皆様は、自分が落としたと気にされていたのだと思います。また、他の方が落とされているのを気にされていたのだと理解します。私たちであっても、身近にゴミやご飯粒が落ちていたら、気になり拾います。そこで、私は率先してゴミや食品のこぼれたものを拾うようにしています。私が気になるように、利用者さんも気にしておられるので、自分で拾おうとされるのだと思います。すると、職員が飛んできて拾ってしまいます。しかし、忙しくしている職員を呼んで、拾ってもらうのも申し訳ないと思っておられます。その心を汲んで動くことが介護職員には必要な行動です。

また、介護施設の花壇の担当をしている私は、花壇の植え替え等が終わると、施設周りや道路も草取りをします。介護施設がきれい、花壇に花が咲いてきれい、外の道路もきれい、介護も丁寧。そのような施設を利用者さんは利用したいと思っておられるはずです。

ゴミを拾ったり、草抜きをしたりするのも、少しでも人の心の分かる介護をするための修養《しゅうよう》だと思ってしています。

（第4章　参考文献）

・川崎医療短期大学学長　小池将文・元川崎医療短期大学教授　内田冨美江
社会福祉法人　みその総合ケアセンター（仮称）開設準備室長　森繁樹監修『実務者研修テキスト』日本医療企画、２０１９年
・D・カーネギー著『人を動かす』訳者　山口博　創元社、２０２２年
・山崎房一著『心がやすらぐ魔法のことば』ＰＨＰ研究所、２０１９年
・山崎房一著　高柳静江協力『新版　ガミガミをやめれば子どもは伸びる』ＰＨＰ研究所、２０１５年
・塩谷信男著『自在力』サンマーク出版、２００４年
・石井統市著『きっと楽になる家族介護のすすめ』財界研究所、２０２０年

第5章

誰からも好かれる人になる

01

親しみを込めて名前を呼び、挨拶《あいさつ》する

「親しみを込めた笑顔で相手の顔を見て、名前を読んでみてください。親しき仲への入り口です。」

介護施設では、出社すると、利用者の皆さんの名前をお呼びし、1人ずつ挨拶をします。会社勤めの皆さんには当然のことであり、何をいまさらと感じておられる読者の方もおいでだと思います。

挨拶は、にこやかな顔で、あなたを今日も喜んで介護させていただきます、用事があれば何でもおっしゃってください、という意味合いを込めて、名前をお呼びします。

するとと、声をかけた職員の顔は、誠にやさしい可愛がっている孫のような顔に見えるのではないでしょうか。利用者さんの方も、その職員には声をかけやすいのです。そのような姿勢で職員が毎日接していると、お互い信頼関係が生まれます。その後は、話のしやすい者同士になります。

介護施設では、家庭だけの介護が難しくて来所される利用者さんが多いのです。子供さんが共稼ぎ家庭、一人暮らしの方、老々介護の夫婦のいずれかが来所される場合などになります。このような事情を考慮して、来所される方には施設を好きになっていただく必要があります。帰宅して「もう二度と行きたくない」などと家族に言われたら、家族も途方に暮れることになります。

デイサービスで帰りの際も、職員が「吉田さん、また来てくださいね」「高田さん、今日は、切り絵をたくさんつくってもらって助かりました。明日もお願いしますね」と、また、来て楽しもうという気持ちを持ってもらえるように声をかけます。親しみを込めて名前を呼び、楽しかった、居心地が良かったと思っていただくことは、非常に大切なことです。中には、認知症ですぐに忘れてしまわれる方もおられます。しかし、施設で、十分な介護を受けられ、楽しい思い出を持っていただくと、次に来所されるとき、前回は楽しかったという感情だけでも残り、家庭にお迎えに伺った際、楽しみにされ、来所いただくことになります。

一般社会でも、義務のように挨拶されるのではなく、仲の良い友達に会ったときのように親しみを込めて、挨拶《あいさつ》され、名前を呼んでください。

02 その人の意見には、できる限り同意する

「自分の意見に反対されたときのいやな気持ちを思い出してください。自分の意見に賛成する人は味方で、自分にとり快《こころよ》い人です。」

まず、相手の人の話を聞いているときに、考えや意見が間違っていたり、自分の考えと違う場合に、つい反対意見を述べたり、反論をする場合がよくあります。特に介護施設では、体の悪い高齢者の方を介護しています。利用者の方が、ご存知のことを説明されたりした際に、その内容が間違っておられても私は指摘しません。「そうですか。そんな考えがあるのですね。ありがとうございます」と肯定します。私のこと

を気に入ってもらうと、大概のことは、スムーズにいくようになります。

社会活動の中での考え方とは違うと思われることでしょう。しかし、仕事で考え方を整理したり、方針を策定する場合でも、相手の意見にまず同意し、その上で、自分の意見を述べるのが、お互い冷静になり、目的に対し意見がまとまる場合が多いのではないでしょうか。

高齢者の皆さんは、ご自分の歩いてこられた人生の中で、考え方が定まっている場合も多いのです。そのような考えを否定すると、自分の自尊心や生き方を否定されたようで、立腹され、ますます自分の考えに固執《こしつ》されます。

その考えが、介護の仕方などで、その方にとって不利にならず、単なる意見のくい違いであったり、不利益を生じないのであれば賛成してあげた方が、喜んでいただけます。もし、介護の仕方などで不利益になるようなことであれば、一旦は受けておいて、しばらくしてから「先ほどの件を良く考えたのですが、石井さん、このようにしていただく方が、体の負担にはならないと思いますが、いかがでしょうか」と、その方の立場に立って話をします。ほとんどの方が「いいよ」と言われて終わります。

特に、高齢者の方は、これまでの自分の人生に自信を持って生きておられます。自信を損なうようなことをすれば、プライドを守るために自己主張を強くされます。その方を尊重する前向きな気持ちが大切です。

このテーマでは、どの世代の人も自分の意見に賛成する人は味方で、自分にとって快《こころよ》い人です。快い人になる方が多くの知人を持ち、豊かな人生を送られるのではないでしょうか。

03

その人を好きになり、お気に入りになれば動いていただける

「お願いや頼みごとをする際は、まずその人を好きになり、尊重することです。」

自分が介護する手順に沿って、介護施設の利用者の方々が動いていただくと、非常に助かります。多くの方は、歯磨きやトイレへの誘導をすると、お願いした順に動いてもらえ、私が介助して案内できます。ところが中には、お願いしても動いていただけない方もあります。すると、その方だけ歯磨きが終わりません。あるいは、入浴を拒否される方など、または車いすで移動をしないといけない方は、断られた場合、どのタイミングで再度お願いするのか気になるところです。

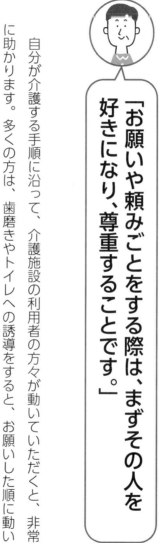

このような方は、他の職員が案内しても、拒否される場合が多いものです。体調が悪い、自宅でいやなことがあった、自分が職員にお願いしたことをすぐにしてもらえなかったなどの原因が考えられます。利用者さんが多いときは、職員がつい他の方に気を取られ、再度お願いするのが遅くなってしまう場合もあります。

そこで、私は「いま、したくなかったら、あとでもう一度声をおかけします。それで良いでしょうか」。または「歯磨きは、口の中を清潔にすることになり、高齢者に多い誤嚥《ごえん》性肺炎を防ぐことになりますよ」、「トイレにいま行かれたら、お昼寝されたとき、途中で行かないで済みますよ」などと理由をお伝えしますと、「では、行くよ」と返事をしていただきます。それでも、拒否される場合は、しばらく時間をおいてから、またお願いします。

このように直接働きかけるのも良いですが、その方とのコミュニケーションを普段の介護の際も良くとり、仲良くしておきます。トイレや入浴には、この職員が言うのだったら、ではお風呂に入ろうかなと同意していただけます。職員への信頼関係の深さが、利用者さんの行動に大きく関係してきます。普段の人間関係でも、仲の良い人や気心の合う人とは、多少の違いがあっても、ちょっと気の進まないことであろうが、賛成して楽しく過ごすことを優先されるのではないでしょうか。

良き人間関係を築くには、相手の人格や考えを尊重し、その言動を自分がまず好きになり、いろいろな面で賛同していくと、相手からも自分のことを気に入ってもらえることになります。その関係を築くことが非常に重要です。

04 人のために尽くす姿勢を貫く先に感動がある

「人は一生懸命尽くす人を見ていると、感動されます。マザー・テレサさんの生き方のように。」

介護施設では、来所される利用者の皆様は、どこかお体が悪く、介護認定を受けておられる方です。そのために、職員は利用者の方に寄り添って介護をします。利用者の方の症状や介護度により、介護については、その方に一番合い、喜んでいただくような介護を心掛けます。しかし、家庭では家族の方が1対1、またはそれ以上の家族の方で介護をされると思います。介護施設では、3対1の職員数で介護をします。トイレや食後の歯磨きなど、どうしても数人の方が重なってしまう場合もよく生じます。

このように複数の方からの要望が重なる場合の対応は、丁寧に1人ずつ介護して終えるのが一番です。お待たせしている方には、時々声をかけて「お待たせして申し訳ございません」との気持ちがこもった声掛けが必要です。例えば、トイレに行きたいとのご要望には、他の用事があっても、できるだけ先にお応えしていくことが必要です。利用者の皆さんは高齢であり、なるべく迷惑をかけないようにとの配慮から、直前までトイレ等の申し出をされない方も多いのです。何はともあれ、生理的な欲求には、すぐにお応えするのが正解です。利用者の皆さんは、長年人生を生き抜いてこられています。職員の表情や動作で、自分の要望にすぐに応えているか、そうでないかなどは、よく分かっておられます。

仕事とはいっても、手抜きをせずに、一生懸命に尽くす姿勢を見ていただくのが大切です。つい忙しいために、後回しにされた場合も、職員の尽くす姿をご覧になり、「今日は忙しいね。大変だね」とお許しいただく場合が多いのです。利用者さんのために、一生懸命に動く職員は、誰にでも好かれます。また、そのような行動を心掛けることが、それを見ている人にとっても快《こころよ》いものです。

そのような行動は、毎日できるだけ継続することが重要です。したりしなかったりでは、人の心を打つまでにはいきません。善い行いを続けることにより、自分も信念が固まり、周りの方にもその思いを汲み取っていただき、利用者さんの協力も積極的にしていただけるようになります。

年齢・性別・社会を問わず、どこでも通用する行いの法則です。

05 相手が欲しているものを考え、聞き、意に沿う

「相手の意向に一番合った支援ができるようにします。」

介護を仕事にしていると、それで給料をもらっているのだから、介護の専門職として、何でもしてくれるのは当然ではないかと思っておられる方もおられると思います。しかし、介護は精神面の修養《しゅうよう》も必要ですし、介護の専門性も常に向上しておりますので、やはり初心者には学ぶべきことが多いのも当然です。介護の施設に入職して、もう7年になりましたが、まだまだ覚えることが多く、会社から提供される通信教育を毎月受講したり、先輩職員に聞いたり、同僚の介護の仕方や話し方を見たり聞いたり

して、良い面を吸収しています。その行動は、利用者さんへの良い介護につながるからです。

良い介護の基準の1つにしているのが、利用者さんをよく観察し、自分ならどうして欲しいだろうかと自問してみることでした。私の場合は、80代の利用者さんは、お兄さん、お姉さんのような存在です。そこで、体が痛かったり、不自由で自分が動きたいのに動けない方は、どのように介助をして欲しいと思っておられるのかなと考えます。これはできない、するのがつらいと、じっとしておられる等の利用者さんの一点だけに注視すると、介護をした方が良いと思いますが、中には、できることなら少しでも自分で動きたい、リハビリも兼ねて動作をしたいと思われる方もおられます。

そのような方の場合は、少し時間がかかりますが、自ら車いすを手動で動かして、トイレまで自分で行っていただくなどの応対をします。どうにか、車いすで、あるいは職員の手引き歩行で、やっとトイレまで行かれた場合は、「体に良いことをされましたね。よく頑張られましたね。今日は、いつもより体調がよろしいですね。日頃の成果が出ておられますよ」などのほめ言葉で、やる気を維持していただくように声をかけます。

その方にとり、自分だったらどうして欲しいかなと一歩踏み込んで観察し、考えながら、介護することにより、精神的にも体調的にも前向きになっていただくように介護をしています。

06 分からないことは、辞《じ》を低くして誰にも聞く

「知らないことを聞く人の謙虚な姿勢を人は評価するものです。」

今日では、スマートフォンで知らないことがあれば、音声言語で入力して検索したら、即座に回答が出てきて非常に便利です。しかしながら、自分の介護業務の狭い範囲のきめ細かな知識や動作などは、やはり上司や先輩に聞く必要があります。職場にいると、聞きづらい雰囲気があります。私のように68歳で介護の世界に入ったら、ましてやそうです。

介護施設では、利用者さんに、私は初心者で、経験不足ですとは言われない雰囲気

でした。もちろん、入職したばかりですとの先輩からの皆様への紹介をしてもらいました。しかし、年長者などと言っておれずに、若い20代の職員から60代まで、誰にでも質問をして教えてもらいました。もう夢中で介護の動作を覚えました。あっという間の1年が過ぎました。

少しずつ、介護の専門職員らしくなってきました。しかし、その頃は、体は疲れるし、腰痛になってしまうなど、緊張の連続でした。ですが、利用者さんへの介護が良くでき、満足していただいているかどうかは、始終気になりました。それは、13年間、母の介護をしていた時代、あれでは良くなかったと反省して、介護業界に入職したのですから、母にしたような失敗はしまいと考えていました。その後、年齢のせいもあり、不器用ながらも上達し、それなりに喜んでくださる利用者さんも多くなり、ホッとしたものです。

しかしながら、私の勤務する小規模多機能型居宅介護施設の性格上、利用される皆さんは介護度が高くなったり、ご本人やご家族の希望で、大きな特別養護老人ホームやグループホームに移っていかれる方が多いこともあり、新しい利用者の方が次々に利用されます。すると、その都度、その方に寄り添った介護をするために介護の仕方を考えます。

ただ、分からないことがいくつも出てきます。定例のミーティングもありますが、その時、その場での解決が必要なのが介護ですので、謙虚に他の職員に質問して学びます。学ぶ必要があれば、年齢は関係なく、丁寧に教えをこう姿勢は、誰でも常に必要だということを体で覚えました。

07 困っている人がいたら、すぐに助け、心の豊かさをいただく

「目の前で困っている人は、自分への心の豊かさをくださる人です。」

このテーマは、読者の皆様も、親御さんや学校の先生から何度も同じ話を聞かれたことと思います。それほど、社会の中では誰もが知っている常識的なテーマです。高齢の方は乗り物に乗られたときなど、席を譲られた体験をされていると思います。

介護施設に来所される利用者さんは、要介護3以上の方がほとんどです。パートである私の勤務は、13時からですので、出勤するとすぐに利用者さんのところに行き、1人ずつご挨拶《あいさつ》をします。自分で行動ができる方には、挨拶の一環として体調や天気

の話などをしますが、歩行器や車いすを使用されている方には、体調等をお聞きした後、「用事があれば何でもご遠慮なくおっしゃってください」とお伝えします。テーマの通り、仕事上の気配りです。

また、介護をする上では、体の不自由な利用者さんが、職員が近くにいないために、トイレや居室に行こうとされて1人で立ち上がり、転倒をされたりする危険性があります。それを回避するために、職員に声をかけてくださいとお願いしているのです。介護職員は仕事上、お困りの方を予測して声掛けをしたり、テーブルで休憩をされている利用者さんたちの姿の見えるところで介護や業務を進めるのが鉄則です。まさに「困っている人がいたら、すぐに用件を伺い、介護をする」を常に意識して、施設全体に注意を怠《おこた》りません。

普段の介護業務の中では、いつも利用者さんの状態に注意をしていますが、勤務して1~2年の頃は、さすがに気疲れしました。今は慣れて、ちょっとした兆候でもすぐに体が動くようになりました。私はバスや電車や通りで困った方を見かけると、今ではすぐに体が動いて声掛けをしたり、介助の動作を取っています。このような心掛けを磨くことが大切だと感じています。

2023年3月31日現在、認知症サポーターの数は、1451万5000人おられるそうです。もちろん、資格の講習を受けておられない方も、困った方に手を差し伸べていただく雰囲気が大きく前進してきた世の中になりました。

超高齢社会の日本では、心強い支援者が大勢おられる現実に、心安らぐ思いです。

08 間違っている人に気分良く直してもらうと、緊張が解ける

「間違っている人の言い分をよく聞いて、理解を示していけば間違いに気づかれて安心されます。」

人は、自分の間違いを人前やストレートな言葉で指摘されると、かえって間違いを指摘した人を恨《うら》んだり、直そうとする素直な気持ちがなくなります。これは、どなたも経験されていることではないでしょうか。間違いを直す側にも、直してもらう側の立場も、すべての人が体験されたことと思います。私など小さい頃からおっちょこちょいで、いま思い出しても真っ赤になるような間違いを数えきれないほどしています。

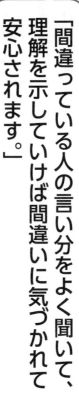

介護施設では、利用者の皆さんは高齢であるがゆえに、どうしても若い方々より、つい勘違いして間違えたりされます。75歳で介護施設にパートとして勤務している私も、若い職員よりよく間違います（高齢でもよく間違えるのは私だけかもしれませんが）。まだ職員がおおらかに見てくれますので、大変助かっています。

夕方、利用者さんの送迎のときに施設で頼まれたことを、利用者さんの家族に確認すべきを確認せずに帰ってきます。すると、その日の職員のリーダーが「明日、行ったときに確認するから良いですよ」と助けてくれます。急を要しないことですので、それでどうにか済みますが、私は反省しきりです。というのも、ノートに書いていても、ご家族の方と、その日の利用者さんの過ごし方を少し説明していると、肝心の確認事項を忘れてしまうからです。

利用者さんも自分の間違った考えを押し通されようとされます。そのようなときは、まずはお話を受け入れます。そして、どこに間違いの原因があるのかを把握し、どのように話をすれば間違いに気づき直していただけるのか、判断してお話をします。ここでは、利用者さんがショートステイのお泊りで来所されたのに、その自覚がなかった場合の対応例を紹介します。

まず、主張される正当性に同意するような言葉を使います。「そうですか。言われる意味は良く分かります。私もそう考えたかもしれません」等です。その後、丁寧にお願いをします。「実は申し訳ございませんが、今日はお泊まりの日になっています。ご家族様も前もって説明されたと思いますが、私どもも来所されたときに、念を押せば良かったと反省しています。申し訳ございません」などとお話しすると、ご了解していただけます。

09 協力してもらったときは、良い点を大いにほめ、労をねぎらう

「人は、他人や社会のために尽くすことに満足を感じられる方が多いものです。そのようなときには、大いにほめて感謝します。」

介護施設では、毎日のデイサービスで、いろいろな行事をしていただいても、時々ぽっかり時間が空くときもあります。ゆっくりしていただく時間も貴重な時間です。そのようなときは、テレビを見ていただいたり、音楽を聴いていただいたり、外の花壇の花を見ていただいたり、塗り絵などをしていただきます。

利用者さんには、午前中から午後にかけて入浴をしていただきます。多くのタオル

やバスタオルなどを使います。洗濯して乾いたものは、その都度、何回も利用者さんにお願いして、皆さんにたたんでいただきます。「もしお時間があれば、タオルをたたんでいただくと助かります」と丁寧に少しオーバー気味にお願いをします。すると、男女問わずに「いいよ、ここに置いてよ」と声がかかり、近くの方が皆さんでたたみ始められます。

たたみ方はお教えしますが、うまくできない方にもお願いします。他の方のたたみ方を見ながら、皆さん、間もなく終わります。気のつかれる方は、タオルのでこぼこの状態を手直ししてくださいますが、普段はそのままで頂戴します。そこで、たたんでいただいたバスタオルやタオルの束を持ち上げて、顔の前に捧げ、「きれいに早くたたんでいただきまして、すごく助かりました。ありがとうございます」と大きな声で、一人ひとりにお礼を申し上げます。すると、このぐらいのことでオーバーだなという表情の方もおられますが、至って皆様、良いお顔をしておられます。中には、率先して食後やお茶とおやつの後のお皿を台所に運び、職員の代わりに洗ってくださる方もおられます。

施設としては、日常動作のリハビリのためや人のために尽くすという満足感を得ていただくためにしていただいていますが、していただいた手伝いには、やはり大いにほめてお礼を言うことが、利用者さんの満足につながると思います。

これまで日頃の生活の中で、家族や知人のために、仕事では同僚や会社のために尽くしてこられた人生ですので、ほめることは、人生のうるおいになるのではと思います。

以上、述べたことは一般社会でも通じることであり、読者の皆様も、日常生活の中で家族や他人に何かしていただいたら、大いにほめて感謝の意を示してください。

10 トイレを常にきれいにすることは自分磨き

「トイレをきれいにするのは当然の行為ですが、利用者さんに爽やかさ、心の安らぎを与え、また、自分の心を磨きます。」

介護施設では、多くの利用者さんがトイレを利用されます。高齢者の皆様は口にこそ出されませんが、小さい頃からトイレはきれいにしておくものだという時代を生きてこられた方々です。そこで、ちょっと口調の厳しい方に、「トイレはきれいだと思いますか」とお尋ねすると、「きれいだよ」と言われます。

ですが、少し汚れていたりしますと、「前の人が汚したのかな」と指摘されます。

すぐに「すみません。きれいにするのをつい忘れていました。いま、きれいにしますので」と謝り、すぐにきれいにします。「あれ、申し訳ないね」と感謝の気持ちを表現されます。

最近は、駅のトイレやショッピングセンターのトイレなど、どこでも清潔で、きれいに維持されています。それだけ、日本人は清潔好きで、昔からの伝統を守っているのでしょう。利用者の皆さんの子供時代は、全員で一斉に教室の清掃をしたり、当番でトイレ掃除をするのが日課でした。

子供の頃の記憶は高齢になっても衰えにくいのです。そこで、私は自宅のトイレ以上に、施設のトイレ掃除を率先してします。それもにおいがする箇所は特に入念に掃除をします。また、隅々は細かく手で拭き取っています。忙しいときは、十分にできませんが、利用者の皆さんの心を形に表し、少しだけでも喜んでいただけたらとの思いです。

「日本を美しくする会」の元会長である鍵山秀三郎（イエローハットの創業者）さ

んは、日本全国でトイレや街頭清掃を多くの参加者と一緒になり、長年実践してこられました。そこの会員として、長年地域を社員と清掃してこられた夢工房だいあんの創設者で相談役の光田敏昭さんには長年人の道を教えていただいています。

その影響もあり、私にとってトイレ掃除は、自分を反省し、心を磨く場であると思っています。そんな人間のささやかな行いが、高齢者の皆さんに「きれいなところで世話になっている」と、良い記憶として残り続けていただければ幸いと思います。

11 花を育て、長い旅路で疲れた人の心をいやす

「現代の多忙な時代は、花を育て、花をめでて、心いやされ、心をいやす優しさが必要です。」

花の効用を知らない人は、いないのではないでしょうか。では、その花のことをわざわざテーマとして入れるのはと思われる読者の方も多いと思います。

高齢者の方々は、若い人たちとは違う見方をしておられるのではないかと感じるときがあります。同居するために都会に呼んだ私の両親も花が好きで、庭に花を植えていました。花が咲くときれいだと居間から眺めていました。母が、老人保健施設に入所してからも、よく施設の広い花壇の花を見に、ゆっくり車いすを押しながら眺めま

した。そのときの表情は、やさしく穏やかな顔をしていました。

介護施設に勤務するようになった際、花壇に花がなかったので、ほとんど知識もないままにボランティアで花を植え、育てました。職員不足のため、1人で世話をしていきました。施設の利用者の皆さんが、朝食が終わると、ダイニングのガラス越しにじっと花を見つめられる方が多くなりました。

そんな中、デイサービスで来られる1人の方が、「私も花が好きで、長年自宅の庭に夫婦で花を植えていたのよ。今は体が悪くなりましたが、見るのが好きです。どんな人も花を見て悪く言う人はいませんよ」と言われるのです。誰もが花で心をいやされるのだと思うようになりました。

今は、施設の花係として職員たちにも一緒に協力をもらいながら、多くの花を育てています。利用者さんで、1日中、花壇の花をじっと見ておられる方もいます。また、花を飽きずに眺めておられた方が、しばらくすると旅立っていかれ、淋しい思いもしました。

現在、介護施設を利用される年代の皆さんの多くは、戦争中は命の危険の中を逃げ惑い、戦後は貧しい中でご苦労をされ、高齢になり、やっとゆっくり生活をされていたら、病気になられ、不自由な生活をせざるを得ない日々を過ごしておられます。長い旅路を生き抜いてこられた利用者の皆さんは年を取るほど、これまでの旅路の疲れを花のある生活でいやし、次の世界に旅立っていかれる心の準備をなさっておられるのではないかと思うのです。

うれしいときも悲しいときも、誰にも花は心のいやしになるのではないでしょうか。

（第5章　参考文献）

・川崎医療短期大学学長　小池将文・元川崎医療短期大学教授　内田冨美江
社会福祉法人　みその総合ケアセンター（仮称）開設準備室長　森繁樹監修『実務者研修テキスト』日本医療企画、2019年
・D・カーネギー著『人を動かす』訳者　山口博　創元社、2022年
・山崎房一著『心がやすらぐ魔法のことば』PHP研究所、2019年
・山崎房一著　高柳静江協力『新版　ガミガミをやめれば子どもは伸びる』PHP研究所、2015年

あとがき

人生を重ねると、いろいろな御縁に恵まれ、どうにかここまで過ごしてこれたとの想いを持ちます。私は、中学を卒業後に、自分で希望する人生を結果として今日まで歩いたことになりました。

人生の中で、大きな影響を受けた方々のことをふと思うと、何故か知らずに涙がこぼれることがあります。1歳の頃、最初の父が亡くなり、母と共に祖父母が育ててくれました。母の再婚後は、両親が私に大きな支援をしてくれました。その後は、「はじめに」で紹介した方々に大きな影響を受けることになりました。

いつの日にか、「忘れ得ぬ方々」という題の本を書いて、力を下さった方たちにお礼を申し上げたいと思っていました。それが、介護施設に勤務して高齢の皆様の介護を日々するようになると、これまで力を与えてくださった方々の教えを実践していることに気づきました。本から受けた影響も土台にして、ほとんどの原稿は自分の体験より書き上げました。私に多大な影響を与えてくださった方々の教えをこのような形で紹介させていただくことができるのも、介護施設に勤務したからと運命の不思議さを思います。

参考文献は、学生時代から親しんでいたD・カーネギー著『人を動かす』(創元社)が頭の中に入っており、その教えを介護の中で創意工夫しました。また、介護学校で学んだ介護のテキスト『実務者研修テキスト』(日本医療企画)は、まさに目からウロコの連続で、高齢者の心理、体調、寄り添う介護の仕方、認知症の方々へのきめ細かい接し方など学ぶべきことの多いテキストでした。このテキストの内容を、介護をされる方々に、ぜひお知らせしたいと思い、前著『きっと楽になる家族介護のすすめ』(財界研究所)でお伝えしました。この2つの参考文献が頭の中でミックスされ、日々の介護を通して事例の作成ができました。

『実務者研修テキスト』を出版する日本医療企画創業者の社長である林諄様は、新聞記者から独立し、医療・介護経営に革新を起こされ、総合出版業として発展を続けておられます。私は、懇切なご支援を頂戴しておりますが、不思議な御縁でつながっております。

本の執筆にあたっては、夢工房だいあん相談役の光田敏昭様と長年の地域の知人である大田昌克氏には、最初に原稿を読んでいただき、的確で丁寧なご助言を頂戴しました。

また、勤務先、ゆいの取締役である富田克利氏には、介護の心を助言いただきました。かかりつけ医で介護にもご理解を示してくださる佐々木消化器科内科の佐々木坦先生のお陰で、介護施設をほとんど休んだことはありません。

会社員時代の先輩で現在は画家の藤懸永利氏と和子夫妻は、長年地域でシルバー人材センターの理事長をされたり、民生委員等をして高齢者の手本と思っています。

少年自衛官時代の友人である切原勉・小夜子夫妻は、郷里で18年前から介護ボランティアを続けており、私は頭が下がる思いで見習っています。同じく郡山洋一君は今も現役で働き、私の相談に何でも応じてくれる心強い友です。

私に、お力添えをいただく多くの皆様のご支援を得ながら、著名な財界研究所社長の村田博文様の大きな後ろ盾、また、編集から出版まで多くの労をお取りいただきました編集部課長・デスクの更山太一氏のお力により本は出版されました。

第3章の1節から4節までは、長年実践している呼吸法の「正心調息法《せいしんちょうそく》」の心構えを紹介しています。9年前に、大病院で癌が3カ所にあるとの診断で手術をしましたが、幸い、良性腫瘍を1カ所取り除き、無事終了しました。手術前は熱心に呼吸法を実行していたので、大事に至らずに済んだのではと思い、今回詳しく紹介しました。

本を書くときの心構えは、親の介護を長年してもらい、介護職員初任者研修を受けている妻・民子に、上から目線ではなく、誰にでも分かりやすい文章を心がけるようにとのアドバイスの下、原稿を書きました。

終わりに、ご縁をいただき、本書をお読みくださいました読者の皆様には、心よりお礼を申し上げます。

2023年（令和5年）10月

石井　統市

付記

正心調息法のご紹介

筆者が25年以上にわたり実践している呼吸法「正心調息法」の考案者・塩谷信男先生（東京大学医学部卒業、2008年に105歳で天寿を全う）の呼吸法を普及する団体「真和界」（命名者・塩谷信男先生）の後継者として指名され、引き継いだ塩谷信男先生の側近、故・柿内敬明・博子夫妻が初代講師。現在は、柿内夫妻の娘、柿内惠子・佐藤敬子姉妹が代表・講師。実習会は東京会場、京都会場等で開催。

質問、講習会の問い合わせ先　☎080―6729―7772

（付記　参考文献）

・塩谷信男著『自在力』（サンマーク出版、2004年初版、2017年第9刷）

【推薦者プロフィール】


辻 哲夫（つじ　てつお）1947年団塊世代の生まれ、兵庫県出身。

東京大学法学部卒業。1971年厚生省（当時）入省。2006年厚生労働省厚生労働事務次官。2009年4月東京大学高齢社会総合研究機構教授、2011年同機構特任教授、2020年4月より同機構・未来ビジョン研究センター客員研究員。

医療経済研究・社会保険福祉協会理事長、健康生きがい開発財団理事長等、多くの役職を兼務。

日本の超高齢社会対策・地域包括ケアシステム推進者の一人。

編著書「日本の医療制度改革がめざすもの」（時事通信社）、「地域包括ケアのすすめ 在宅医療推進のための多職種連携の試み」（東大出版会）、「地域包括ケアシステムのまちづくり」（東大出版会）等、多数。


【企画・編集者プロフィール】


長崎 昇（ながさき　のぼる）1953年生まれ、東京都出身。

早稲田大学商学部卒業。多摩大学大学院経営情報学研究科修了。

株式会社日本能率協会コンサルティングチーフ・コンサルタント。

メーカー、サービス産業におけるCS経営構築、マーケティング戦略立案、実践などコンサルティング、教育活動に幅広く活躍。近年では、福島県における東日本大震災被災事業者への復興支援コンサルティングなど、今までの経験を活かした社会貢献活動にも挑戦している。

現在、国土交通省国土交通大学校講師、城西国際大学非常勤講師。

「超現場主義」（時評社）、「企業研修にすぐ使えるケーススタディ」（経団連出版）など著書・論文多数。

【著者プロフィール】

石井 統市（いしい　とういち）1947年団塊世代の生まれ、鹿児島県出身。介護事業所㈱ゆいの小規模多機能型居宅介護施設に7年パート勤務、介護福祉士。消費生活アドバイザー。

陸上自衛隊少年工科学校卒業、獨協大学法学部卒業、大手流通業入社。本社課長職、部長職、関連会社数社の役員兼務。大手クレジット会社移籍、部長職を定年退職。出版社専務を68歳で退職し、介護学校の全日制に6カ月間通学。現在、介護職員。

52歳から両親と同居し、13年間介護を体験する。その間、出版社時代に日本の超高齢化対策の本を企画し、シリーズで3冊の出版に参加。その際に辻哲夫先生に原稿を依頼し面識を得る。

前著『きっと楽になる家族介護のすすめ』に続き、現場の体験より今回は人間関係論（自己啓発）を執筆。現在、講演・連載・寄稿でも発信中。

〔講演・寄稿等の問い合せ先〕
E：mail　ishiitou1029@gmail.com

好きになれば好かれる人になる

2023年10月10日　第1版第1刷発行

著　者　石井 統市
発行者　村田 博文
発行所　株式会社財界研究所
［住所］〒107-0052 東京都港区赤坂3-2-12
赤坂ノアビル7階
［電話］03-5561-6616
［ファックス］03-5561-6619
［URL］https://www.zaikai.jp/
印刷・製本　日経印刷株式会社

ISBN 978-4-87932-157-2
定価はカバーに印刷してあります。